「無難」と戦い続けるために

非エリートの勝負学

マッコイ斉藤

sanctuarybooks

まえがき

俺は山形県の小さな村で生まれた田舎者だ。


学歴、財力、コネ、家柄、出身地……。

この世には、努力だけでは超えられない格差がある。

しかし一方でそんな格差が通用しない、誰に対しても平等な場所がある。

お笑いの世界である。

お笑いの世界は、高卒だろうが、貧乏人だろうが、数字と結果さえ出せば、
誰でも勝ち上がることができる特殊な場所だ。

お金もコネも飛び抜けた身体能力もない、田舎者の俺にはぴったりだと思った。

この世界で生きていこう。

そう覚悟を決めてから約30年間、俺は野武士のようにかっこ悪く、人間臭く、未熟なやり方で、
あらゆる圧力に耐えながら「数字と結果」というものをつかみ取ってきた。


そんな俺が通ってきた平坦ではない道のりと、

お笑いの世界の先輩たちから叩き込まれ、
心に刻みつけてきた仕事の考え方を、これから伝えようと思う。

もしあなたが本当は尖った人間なのに、
いつの間にか「丸くなってる」のだとしたら、
この本が反骨心を思い出すきっかけになるかもしれない。

とにかく「面白い」だけが正義。
俺はそんな自分のシンプルな信念に従って生きてきた。
あなたはどうだろう？
俺は、自分の欲求に従って行動できる人間を、
「一匹の動物」としてリスペクトする。

たとえ誰かに嫌われようが、反対されようが、怒られようが、
あなたも自分の人生を好き勝手にできますように。
一人の演出家として祈っています。

マッコイ斉藤

Contents

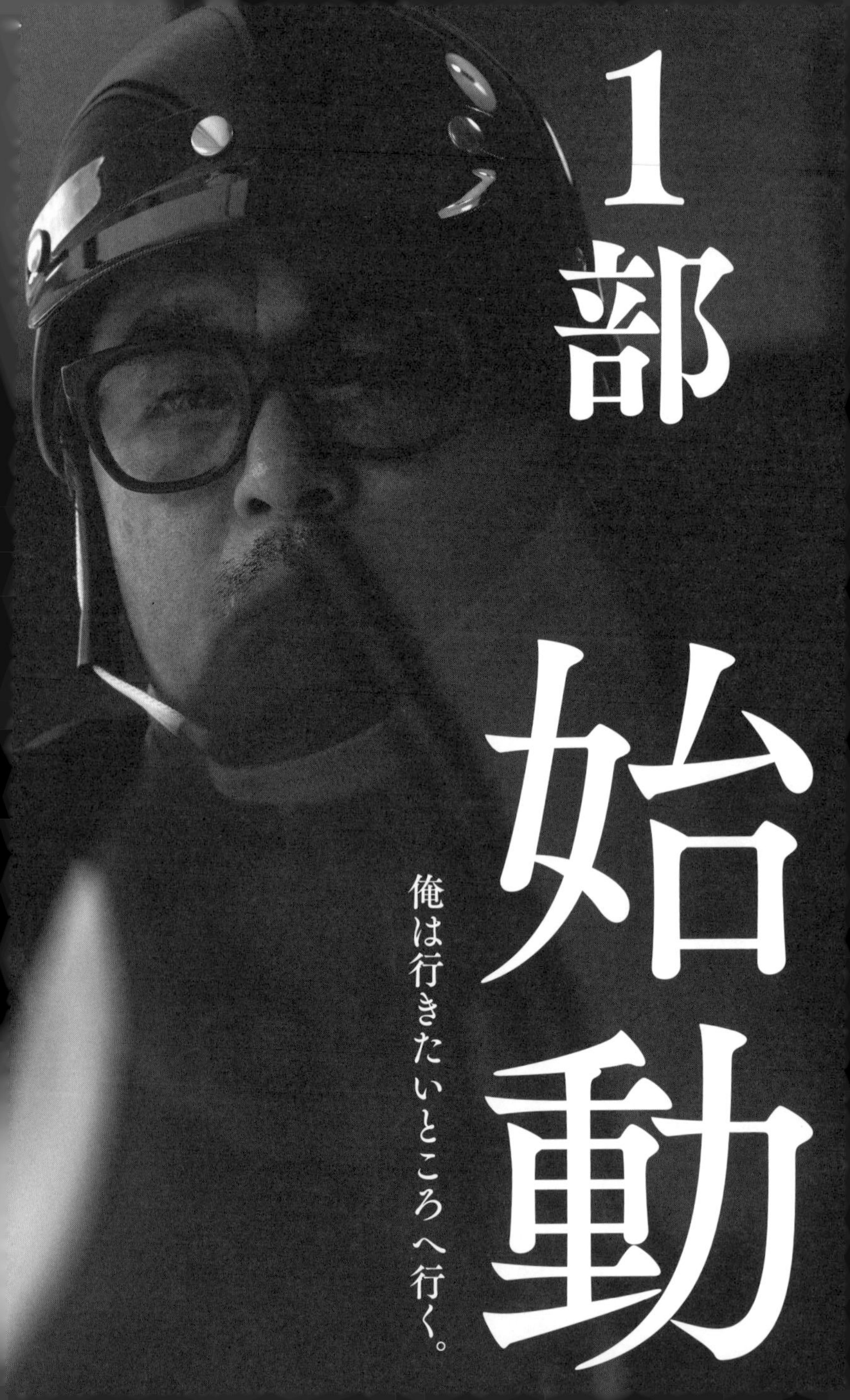

1部 始動

俺は行きたいところへ行く。

1部——始動

人を笑わせるのが気持ちよかった。
その瞬間が最高だった。

ばあちゃんは言う。

「笑う門には福来たる」
「誠、笑いなさい」
「つらいときでも笑えばなんとかなるから」

本当にそうなんだろうか。

俺は笑いで日本一になりたい。

ここはなにもない田舎だし、
俺には、スポーツ選手になれる才能も
商売で稼ぐアタマの良さもない。

でも東京に出て、
お笑いの世界に飛び込めば、
もしかしたらなにかが起こるのだろうか。

俺は自分の力を確かめてみたかった。

episode 1 お笑いドリーム

たけしさんへの憧れ

俺は山形県の最上郡、鮭川村牛潜《うしくぐり》で生まれた。

村の人口は3800人くらい。通っていた牛潜小学校の全校生徒は32人。

田んぼに囲まれた実家から、隣の友達の家まで500メートル。とにかくだだっ広い。人はいない。なんの事件も起きない場所だった。

家業は農業で、田んぼは東京ドーム1個分あり、父ちゃん母ちゃんが元気に米を作ってる。お金持ちではなかったが、ひもじい思いをしたことはない。ばあちゃんじいちゃんも孫の俺に優しかった。これといった問題はない。

だけど、なんか足らねぇ……。

小さな欲求不満は、中学、高校と日増しに溜まっていき、やがてことあるごとに不良の不の字もない優等生の兄貴と比べられ、周囲から「お兄ちゃんはできるのに」としつこく言われることに苛つくようになって、悪さばっかりするようになった。

タバコを吸いながらスクーターで田舎のあぜ道を突っ走る。街でケンカをする。後輩からカンパと称してお金を巻き上げる。先生に怒られる。いわゆるヤンキー。ただのヤンキー。当時はツッパリ漫画『ビー・バップ・ハイスクール』全盛期だったのだ。

その結果、高校卒業の3ヵ月前になると、いろいろやりすぎてなにをやったか覚えてすらいなかったが、校長室に呼び出され「今度という今度は退学だ」と告げられる。

短ランにボンタン姿で不貞腐れている俺。その横でずっと涙ぐむ母ちゃん。

苦い沈黙の中、母ちゃんはとうとう「なんとか誠を卒業させてください」と土下座をしてしまう。

「斉藤！　お母さんがこれだけ泣いているのに、おまえはなんとも思わないのか！」

いいや。思うよ。つくづく。

頭を下げて小さくなっている母ちゃんの背中を見て、俺は心底〝母ちゃんをこれ以上、泣かせらんないな〟と思った。

だけど、農業は嫌いだった。

通っていたのは山形県立新庄農業高等学校（現・山形県立新庄神室産業高等学校）という立派な農業高校だが、実家で田んぼをやる気は皆無だった。

またそれ以上に、地元の雰囲気もやる気がなかった。卒業した後どうするかと言えば、なんとなく進路を決めていく。農家の子は農業。ヤンキーはガススタか土建業。優等生は公務員。その他大勢は、定食屋の見習いか地元の会社に散っていく。

俺には地元でやりたいことを見つけられず、かといって、飛び抜けて勉強や、スポーツができるわけでもない。このままいけば、ガススタの従業員か定食屋の見習いになるだろう。

それが嫌で、かといってコネや特別な才能があるわけでもなく、ただくすぶり続けていた。

だが、希望の光がまったくなかったわけではない。

俺には「お笑い」という強い憧れがあった。

きっかけは、俺が小学生だった頃。ＮＨＫ以外に映る民放が３つしかない山形でも放映されていた『花王名人劇場』という番組である。

世の中は漫才ブームまっただなかで、その先頭を突っ走っていたのがツービートだった。

初めて彼らの漫才を見たとき、俺は呆然としてしまった。


「気をつけよう、ブスが痴漢を待っている」

「やればできると、言われ続けて80年」

「赤信号みんなで渡れば怖くない」

「無免許運転　10年やってりゃうまくなる」

「クルマが来たら飛び込んで　みんなでもらおう　自動車保険」


なんてかっこいいんだ。

ボケのビートたけしさんが次々と放つ乱暴な言葉たちに、俺は腹を抱えて大笑いしながらも、すっかり心を奪われてしまったのだ。

完全に夢中だった。とにかくたけしさんのことが好きになった。好きで、好きで、たけしさんの出ている番組は『THE　MANZAI』『オレたちひょうきん族』『スーパージョッキー』『ビートたけしのオールナイトニッポン』……すべてチェックし、「将来はたけし軍団に入る！」という夢まで周囲に語りはじめた。

おまけに、たけしさんのように人を一瞬で笑わせられるような人間になりたくて、友達と一発ギャグを研究するグループも作ったほどだ。休み時間、廊下に集まっては、お互いに一発ギャグを披露し合い、そのギャグが面白いか、面白くないかを話し合う。面白くなければ、どうすれば面白くなるかを話し合う。この習慣を小中高と、教室、校舎裏、スーパーの駐車場、あらゆる場所で飽きることなくほぼ毎日続けた。

俺にとってはどんな遊びよりも、「人を笑わせること」に勝る刺激はなかった。爆笑する友達の顔を見ることは格別の喜びだった。

俺はお笑いの虜になっていた。

田舎にいてどうすんの

根っからのお笑い好きという性格は、ばあちゃんからの影響が大きいかもしれない。村の人気者で、料理が上手で、人が集まる場が大好き。その輪の中で人一倍笑っているばあちゃんは、とにかく周囲を楽しませるのが好きな人だった。

家のトイレの壁には、農協の日めくりカレンダーが貼ってあった。ばあちゃんはそのカレンダーの空白に毎日こう書き込んでいた。

「笑う門には福来たる」

そんなばあちゃんが、いつも失敗だらけの俺にずっと言い続けてくれたのが、「誠、笑いなさい」「つらいときでも笑えばなんとかなるから」

という言葉だった。


俺は東京に行こうと決めていた。

農業はやりたくないし、地元のどこかに勤める自分も想像できなかったが、笑いなら一旗揚げられるかもしれない、というそんな根拠のない自信があったからだ。

人を笑わせる気持ちよさ。

人に笑わせてもらう気持ちよさ。

どっちの気持ちよさも、俺は人一倍知っているつもりだった。

また、ビートきよしさんの存在も大きかった。

ツービートのツッコミであるビートきよしさんは、当時、有名人などほぼ輩出していなかった山形県、しかも最上郡出身ながら唯一、芸能界で活躍していた人だ。

「山形県最上郡最上町」の人が、あのビートたけしさんと漫才をしている。

そのすごさを奇跡のように感じる一方、地元に帰ってきたきよしさんを駅前なんかで見かけると「俺もなれっかな」と勝手に希望をもらった。

同郷のきよしさんが成功しているなら、俺だって東京で「笑い」の仕事ができるかもしれない。

そして、たけしさんのために何かをやれるかもしれない。

だが俺が「上京する」と言ったとき、周りの大人たちは冷ややかに笑った。

「ムリムリ」「行っても、なにもできやしない」「いつまでも尖ってないで、ご実家の農業を継ぎなさい」「あとで社会の厳しさを思い知るから」

たしかにそれが現実かもしれない。

でももし、それが現実だったとしてもよ。
ずっと田舎にいて、どうすんのよ？

バカにされる悔しさと、先行きの見えない不安。
その間でぐらつく俺の背中を押してくれたのが、ばあちゃんの言葉だった。

「誠、笑いなさい」
「つらいときでも笑えばなんとかなるから」
「笑う門には福来たる、だよ」

東京っていうのは、存在がでかすぎてよくわかんねぇ。
わからなすぎる。
でも笑ってれば、なんとかやっていけるだろ。

いや、ふざけんな、やってやるよ。

episode 2

チャンス

たけしさんに1ミリも近づけない

ビートたけしさんのために何かしたい。

そのために、芸能界に関わる仕事をしたい。

自分では完全にそう決めていたが、その決心を家族に伝えることはできなかった。

田舎の人間からすれば、芸能界はあまりにも遠い。

その世界で成功する可能性なんて信じようもない。

ただでさえ、農業高校を卒業させてもらったのに「農業は死んでもやりたくない」と言っている親不孝な息子だ。

反対されるのは目に見えていた。

だから俺は両親にこう言った。

「東京の中華料理屋で修業してコックになる」

その中華料理屋はうちの家族の知り合いの店だった。

目的もなく東京に行くのはダメだと言い続けていた両親も、具体的な目的がある以上、俺の上京を許す以外なかったようだ。


高校を卒業したばかりの俺は東京へ行き、文京区にある知り合いの中華料理屋でバイト生活をはじめた。

夜になれば繁華街に出かけ、『笑っていいとも!』のスタジオがある新宿アルタ前をうろついては、「芸能」を近くに感じワクワクした。あるときはジミー大西を見かけた。ビートきよし師匠に続く二人目、東京で見た初めての「本物の芸能人」だった。

憧れの番組を作っているテレビ局は、今俺が立っているのと同じ東京にある。そう思うだけで妄想が止まらなかった。

中華料理屋であくせく働き、仕事が終わったら夜の繁華街で夢を思い描く毎日。

それも悪くなかった。が、1、2ヵ月も経つと思った。

こんなんじゃ、たけしさんに1ミリも近づかねぇな。

元々中華料理が好きなわけでも、調理師になりたいわけでもない。

「石の上にも三年」とは、本腰入れた修業期間だからこそ納得できる言葉だ。

やりたくない仕事を続けていれば、普通に嫌になってくる。

でっちあげの目的じゃ踏ん張りは利かない。

あー、もうさっさと辞めてぇ。

テレビの世界にちょっとでも接近してぇ。

とはいえ、山形の農業高校を出たばっかで右も左もわからないし、スマホで調べればなんでもわかる時代じゃない。

一体どこに行ったら、たけしさんに会えるんだろう。

もやもやを抱えたまま、俺はラーメン鉢を洗い続けていた。

くるくるの履歴書

転機がやってきたのは、友達と横浜元町へ遊びに行ったときのこと。

ふらっと入ったコンビニで、『De☆View』という雑誌をなんとなく手にとった。「芸能界の本だから」である。

ところが、なんのめぐり合せだろう。

パラパラとめくっていると、

〝『天才・たけしの元気が出るテレビ!!』スタッフ募集〟

という文字が目に飛び込んできたのだ。

ウソだろ?

即、電話ボックスから問い合わせ。そしてすぐ『天才・たけしの元気が出るテレビ!!』の制作会社、ＩＶＳテレビ制作の面接を受けられることになった。

あれだけ探して見つからなかったのに、こんなところにチャンスがあったのかよ。

ありえない幸運だった。

ようやく俺の「笑いに対する熱量」をぶつけられる。

上京から約1年かかったが、たけしさんに少しだけ近づけたような気がした。

興奮した勢いで、中華料理屋のバイトも辞めた。


今でもはっきりと覚えている。

面接会場は、JRの市ヶ谷駅から日本テレビ（当時）に向かう上り坂の左側にあった第8田中ビルの4階。意気揚々とエレベーターに乗ったが、エレベーターを降りたとたん、俺は自分がやらかしたことに気がついた。

どこを見てもみんなスーツにネクタイ、真面目でさわやかな髪型をしている。

破れたデニムに革のブーツ、ライダースにファーのマフラー、金髪坊主なのは俺だけだった。

手ぶらで履歴書1枚を握りしめている俺と、誰も目を合わせようともしない。

これは、なかったか……。

とりあえず係員から指示されたとおり控え室で座って待っていると、奥の部屋から面接のやりとりが聞こえてくる。

「明治です」「慶應です」「早稲田です」。またしばらくすると「明治です」「慶應です」「早稲田です」。

……高卒、俺だけかよ。

これはさすがにねぇな。

さっさとあきらめて帰ろうとすると、「はい次、斉藤さん」と呼ばれたので仕方なく面接室に入り、無言で面接官に履歴書を手渡した。

履歴書は筒状に丸まったまま。

無意識のうちに履歴書をくるくる巻いて、バトンみたいにして握りしめていたからだ。くるくるになっているから、デスクに置けばペロンペロンめくり上がってくる。面接官はそれを手の平で何度も押さえながら言った。

「どうして丸めちゃったの？　これで受かると思っているの？」

俺は鋭い目でこちらを見る面接官をにらみ返し、

「ああ、もう全然思ってないです」

と言って坊主頭を掻いた。

「じゃあ、なにしに来たの？」

「なにしに来たっていうか、自分こんな格好ですし、みんな大卒みたいですし、スーツ着ているし。もう見た目の時点で、こりゃねぇなって思っちゃいました」

「うん、そうだろうね」

「はい、すいません」

完全にアウトな流れの中、もう一人の面接官が「そもそも、なんでうちの面接を受けようと思ったの？」と質問してきた。

どうせ落ちるんだ。正直、話すのも馬鹿らしいと思った。だが、面接会場に張られていた『天才・たけしの元気が出るテレビ!!』というポスターを見たら、急に気持ちがあふれてきた。

俺は、小学生のときに初めて花王名人劇場でたけしさんを見て以来、どれだけたけしさんのことが大好きだったか、どれだけ心を救われてきたか、どれだけ憧れてきたか、面接官のことなんてまったく知りもしないのに、おまえなんかにわかってたまるかよとまるで怒りをぶつけるような気持ちで伝えた。

短い時間だったが、想いを伝えられてすっきりした。そのまま面接会場を出て、市ヶ谷駅に戻る坂を下りはじめたときにはもう、次の仕事はどうしようかと考えていた。

それから何日か経ち、俺は埼玉県川口市のアパートで出かける準備をしていた。

探偵になって人を尾行するのもいいか。観光の仕事で京都や沖縄に行けるのもいいか。

悩んだ挙げ句に、どっちにも履歴書を送ってみて、どっちからも連絡はきていなかった。

中華料理屋はもう辞めているから金がない。とにかく日銭がないとまずいから「山田うどん」というチェーン店のバイト面接に行こうとしていた、そんな昼過ぎのことだ。

パナソニックの黒い電話が鳴り、受話器を取るなり「斉藤さん?」と聞かれた。

電話の相手はＩＶＳテレビ制作の人間だと名乗り、「明日から来られますかね」と言う。

「どういうことですか」

「明日からうちで働けますか、ということですが」

俺は思わず舌打ちをしそうになった。

「え、いや、俺ですよ。電話するとこ、間違えてますよね」

すると受話器の向こうの人はフフフと笑った。

「間違ってないよ。履歴書がくるくるだった斉藤さんでしょ?」

俺は受話器を落としかけた。

俺が採用？　『天才・たけしの元気が出るテレビ!!』のスタッフに？

「明日から来られますかね」

信じられなかった。

明日にはもう、憧れのビートたけしさんに会えてしまうのだろうか。

episode——3 そういうことじゃない

俺がやりたいのはこれじゃねぇ

配属先は「事業部」だという。

俺は『De☆View』に載っていた求人広告をきちんと見てなかったようだ。「事業部」スタッフ募集！　だった。もちろん、川口のアパートで電話を切った直後はまったく気づいておらず、「これで『天才・たけしの元気が出るテレビ!!』の仕事ができる！」と勝手に舞い上がっていた。

だが翌日、制作スタッフに見事採用されたというのは完全に俺の勘違いだったとわかる。

世の中はタレントショップブームだった。

『天才・たけしの元気が出るテレビ!!』のグッズを中心に扱う「元気が出るハウス」をはじめ、番組の企画から生まれたビートたけしさんのカレーショップ「北野印度会社」、とんねるずさんの「バレンタインハウス」、所ジョージさんの「トコロズ・ファクトリー」、高田純次さんの「スポーツ・キッス」、田代まさしさんの「マーシーズ」といったタレントショップが原宿や軽井沢、清里などに乱立していた。

俺は配属された「事業部」がなんだかよくわかっていなかったが、少なくとも中華料理屋のバイトよりは確実に芸能界・テレビ・ビートたけしさんに近づいているので、特に問題は感じていなかった。

「スポーツ・キッス」という高田純次さんのバイクレーシング・チームのグッズ販売の担当になった俺は、「ついにここまで来たぜ」とやる気に満ちていたわけだ。

ＩＶＳはテレビ制作会社の中でも、特にバラエティ番組を多く制作している会社だったので、お笑いの世界をより身近に感じることができる。

たとえば「できあがった新作グッズを届けてほしい」と言われ、『ねるとん紅鯨団』の収録現場に行けば、実際に生のとんねるずさんを見られたりする。

山形の田舎から出てきてまだ2年目の俺にとっては、ありえないほど刺激的な毎日だった。
「憧れの人たちと仕事をしている俺」を実感していたわけだ。

それから1年くらい経った頃だろうか。
もう辞めたい気持ちがピークになっていた。

なにか直接の原因があったわけじゃない。
ただ、タレントショップにグッズ満載の段ボールを届けに行ったり、軽井沢のバレンタインハウスの棚卸しを手伝ったり、スポーツ・キッスのグッズの企画を立てたりしているうちに、やっぱりじわじわと気がついてしまう。

俺がやりたいのはこれじゃねぇだろうって。

俺はIVSに入るまで、テレビ番組というものについて無知だった。日本テレビ、TB

S、テレビ朝日、フジテレビ、NHK、山形だったら山形放送とか、どこでも「テレビ局が作って放送している」と思っていたのだ。
でも、実際はIVSのような「制作会社」がいくつもあり、さらにその周りには無数の「関連会社」と「フリーランス」がくっついていて、ほとんどの番組は、そんな「局の下請けたち」が作っているわけである。

インターネットもない時代だ。そんな仕組みがあるなんて山形にいたら絶対わからないし、東京で暮らしていたって誰かが教えてくれるわけでもない。

俺はIVSに入って初めて知り、だからこそ「IVSにいれば番組を作れるかもしれない」という期待があって、「つまんねぇな」とぼやきながらも仕事を続けていたわけだ。


でも我慢できたのは1年だった。

もういいやと思い、「辞めます」と会社に伝えた。

後のことなんてなにも考えてなかったが、ただこれ以上「やりたくねぇな」と思いながら続けたくなかっただけだ。

するとすぐ、大家《おおいえ》さんという女性から呼び出された。

大家さんはＩＶＳの取締役で、会社の若手の相談役でもあり、こういう場合、もう少し我慢してよと引き止められるか、次の職場でもがんばれと励まされるか、どっちかだろうと思った。

面倒くさと思いながら会議室に入ると、大家さんは前置きなく「辞めたいのはわかった」と言ってくる。

「はい。お世話になりました」

大家さんはまっすぐに俺を見た。

「けど、斉藤くんは、なにをやりたくてうちに来たの？」

「元気が出るテレビで、たけしさんと仕事をしたかったんです」

「そうなんだ。じゃあいいじゃない」と大家さんは言った。

「明日からそこのスタッフになれば」

「どういうことですか」

「辞める必要はないよね。元気が出るテレビのスタッフになれば」

大家さんは厳しさの中にも愛情のある人だった。事業部でつまらなそうに働いている俺の姿を見て、なんとなく気にしてくれていたのだろう。

「そのかわり、不貞腐れてないで明日からがんばりなさいよ」

どんな場所にいても、自分のことを見てくれている人、自分に手を差し伸べてくれる人はいるものだ。

大家さんがいなかったら、俺はADとしてスタートできないまま、フリーター生活に戻っていただろう。

人生はどこにチャンスがあるかわからない。誰が応援してくれているかわからない。本当にわからないものだ。

異動の手続きは早かった。

俺はその日のうちに事業部にある自分の荷物をまとめ、翌日にはAD（アシスタント・ディレクター）として『天才・たけしの元気が出るテレビ!!』制作部の部屋にいた。

年下にナメられまくる世界

「おい、斉藤」

「は？」

「新人ADはトイレで先輩のケツを拭くんだよ」

「なんだとコラ？」

先輩ADにつかみかかり、「よせよせ」と他の先輩に止められる。そんなことは日常茶飯事。

テレビの制作に関わるのは念願だったが、制作部に行ったら行ったで、俺はもう毎日ムカつきまくっていた。

そもそも体育会系で育ってきた俺は、「年下がタメ口を使う」というのが許せなかった。年上の人は先輩だろう。敬語で、さん付け、が絶対だろう。

ところがテレビ制作の現場では、年齢とは関係なく、番組に携わったのが1日でも早い人間が、「先輩」だった。

年下に平気で「おい、斉藤」と呼ばれる。

最悪なのは、些細なことでもいちいちマウントを取ってくるヤツがいること。たいした実力もないしょぼいディレクターがこっちを下に見て「明日の朝、ロケ早いから。寝坊せずクルマで家まで迎えに来いよ」って監督風情をかましてくる。人生で一度もケンカをしたこともなさそうなヤツが、あれやれ、これやれと指図してくる。挙げ句に「俺のケツを拭け」みたいなこともぬかしやがる。

「なんだ？　このクソだせぇ先輩」「なんだ？　この狭い世界の陣取り合戦は」とイライラしていた。

高校時代だったら、そんなヤツらは一発締めちゃえばOKだと思う。

でも社会人だから、一発殴って待遇改善とはいかない。

とにかくその状況に慣れるしかなかった。

今思えば、ちっちゃなことだと思う。やっとたどり着くことができた「テレビの制作現場」なんだから、そのくらい我慢しろよ、ワクワクしろよって話だろう。

だけど、日々のイライラは、週1回すべてリセットされた。

なぜなら憧れのビートたけしさんに会うことができるから。

週1回の収録日、スタジオに行けば憧れの人に近づける。そのうれしくて誇らしい気持ちが、日々のイライラを一気に押し流した。

episode——4 師匠と呼べる人

無知も無知だし無鉄砲

毎週月曜日の18時。

日本テレビのGスタジオで「元気が出るテレビ」の収録がはじまる。

その瞬間、静かな興奮が湧き上がってきて、仕事の疲れも、先輩への不満も押し流していく。

初めてスタジオを見たとき、とにかく「でけぇな」と思った。Gスタジオは、日本テレビが使用する最大規模のスタジオだった。

このGスタジオでの収録日に向けて、俺たちADは過酷なスケジュールで仕事をしてきている。土日はずっと寝ずにVTRの編集をして、徹夜でふらふらになりながら現場に入るわけだ。

でも、それが最高だった。

なぜなら、そこにはビートたけしさんがいるからだ。

たけしさんがスタジオに入るだけで、すごい緊張感が生まれる。

ふだんはくだらないマウント合戦をやっている全スタッフの空気も一気に引き締まる。

一方で、たけしさんご本人は謙虚で、いつも物静かだった。

上京して3年。20歳の俺は、憧れの人に間近で会える仕事に就いている。その仕事のために徹夜でヘトヘトになるまで働いている。

その事実に、言葉にできない誇らしさを感じていた。

『天才・たけしの元気が出るテレビ!!』は人気の長寿番組で、視聴率は毎回20%を超えていた。
早朝にターゲットが寝ているそばでイタズラを仕掛ける、「早朝バズーカ」を筆頭とした「早朝シリーズ」、
ジャニーズアイドルやプロボクサー、女子プロレスラーなどを育成する「予備校シリー

ズ」、視聴者がタレントさんにサポートしてもらいながら勇気を出して告白する「勇気を出して初めての告白」、高校生が制服姿でダンス対決する「ダンス甲子園」といった名物企画が目白押しだった。

それぞれの企画について、ディレクター、ADが各班に分かれてロケ撮影・編集をして、VTRを用意する。

そしてそれぞれのVTRは、ビートたけしさん、松方弘樹さん、木内みどりさん、高田純次さんなどの出演者と観覧客がスタジオで見て、「ウケるかウケないか」という容赦ないジャッジにさらされる。

そのため班ごとにつねに緊張感があった。企画会議も、ロケも、編集も全部が戦場だった。

俺たちADは1週間のうち、6日間は会社にいることになった。

基本、家には帰らない。いや、帰れない生活。

夜中までディレクターの指示に合わせてロケの準備をしていたのに、当日になったらすべて予定変更、なんてよくあることだった。

あまりにも睡眠不足続きで、家に帰って一度寝たら起きられない。

だから朝からロケがある日は、会社の椅子をいくつかつなげて寝床にしたり、デスクの下に段ボールを敷いてその上で寝たりした。

この頃のADの「仕事で寝てない」は、完全に無睡眠で現場に行くことをさした。

朝の6時か7時まで仕事をして、7時か8時からロケに出る。

眠くて頭が回らない。

いや、不思議とそんなことはなかった。

現場があまりにも刺激的なので、アドレナリンが出っぱなしだったのか、自分でもわかるほど目はギラギラしていた。

ロケが終われば、そのまま編集スタジオに入って作業。

月曜日がスタジオでの収録だったから、土曜日も日曜日もほぼ寝られなかったものだ。

仕事はそれだけじゃない。

ロケハン、お弁当の手配、技術関連の仕込み……また今では考えられないが、タレントさんのキャスティングまでもやった。

でも、社会人経験なんてないままADになっているわけだ。丁寧な電話のかけ方とか、業界の礼儀なんてわかるはずもない。

無知も無知だし無鉄砲。

会議でディレクターが「サンタクロース役、やってもらいたいよな」と冗談で言ったのを、俺はバカだから真に受けて「サンタクロースの格好してもらえませんか」と事務所に電話してしまったことがある。

その事務所のマネージャーさんから「あなた、誰にどんな仕事を頼んでいるかわかっていますか」と怒られた。

そりゃそうだ。お願いした相手は内田裕也さんだったのだから。ロック界の首領である。このクラスの大御所のキャスティングとなると、連絡を取るかどうかは本来プロデューサー判断によるものだった。しかしそんな常識を知らなかった俺は、なにも考えずに電話をかけた。そもそも、お願いの仕方もなっていませんねと、マネージャーさんから注意された。相手の口調が穏やかだった分、余計に自分の「雑さ」「無知さ」を痛感した。

なんの礼儀も常識もない田舎出身の若者。

そんな救いようもない、ADの俺を育ててくれたのがムネ（宗実隆夫）さんだった。「元気が出るテレビ」にフリーのディレクターとして関わっていたムネさんは、尖っていて扱いにくかったADの俺に編集と演出のすべてを注ぎ込んでくれた。

ちなみに、俺の名前がマッコイ斉藤だから、「元気が出るテレビ」の総合演出であるテリー伊藤さんに憧れていると思われがちだが、まったく違う。

俺が唯一、尊敬し、憧れ、感謝している先輩ディレクターはムネさんだけだ。

今、ムネさんはソフト・オン・デマンドで監督をしている。

バカを扱う天才

当時30代後半くらいだったムネさんは、俺みたいなバカを扱う天才だった。

怒鳴るでも、命令するでもない。仕事をまかせて、責任感を持たせて、動かしてしまう。

ロケの準備にしても、「当日までにこれを全部仕込んでおいて」と俺にリストを渡し、あとはなんにも言わない。押し付けられるのではなく、託されるから、こっちもその信頼に応えようと自分の力で考える。それだけ仕事も覚えようとする。

また、イチから勉強させてもらったのが編集技術。

特にフリをしっかり作ること、間を取ることの大事さを教わった。

今はテレビのバラエティ番組でもYouTubeでも、「ジェット編集」が全盛だろう。つまんで、つまんで、なるべく間を入れず、ドドドッとしゃべりだけをつなぐ編集がウケる、とされている。

でも、人間のやりとりの面白さって違うと思う。

誰かが「うるせえ、このバカ」と言う。すると言われた相手は、イラッとするまでにちょっと間がある。沈黙の後に「……殺すぞ、おまえ」と返す。だから、面白い。臨場感とヒリヒリ感が見ている人に伝わる。感情の強弱が、笑いを生むわけだ。

無言が作る笑いもある。

家に帰ってドアを開けたら、担任の先生とお母さんがセックスしていた。そのとき即座に「ええ？」と反応するよりも、「……」と間を入れて、息子が無表情でドアを静かに閉める。その方がくすくす笑える。そしてドアを閉めた後、しばらく経ってから「ええ？」と急に驚けば、さらに笑いが起こる。

こうしたヒリヒリ感を生むのが、編集の「間」だとムネさんは教えてくれた。

パソコンでデータをいじる現在と違い、当時の編集作業は全部アナログだった。3時間のロケに行ったら、紙袋にVHSのテープがいっぱいになる。それを映像編集機で再生しながら、使いそうな部分に編集点というものを打っていく。そして打った編集点から編集点までを別のテープに録画して、またロケのテープをキュルキュルキュルっと巻き戻し「セリフを言ったのはこのあたりかな」と当たりをつけて再生してみて、合っていれば編集点を打つ。間違っていればまた巻き戻す。その作業のくり返し。コピペもできなければ、カーソルを動かして必要なシーンを探すこともできない。それどころか5倍速、10倍速で再生することもできない。

だから、アナログ編集はとにかく時間がかかった。「元気が出るテレビ」であれば、オープニングに使うたった5分間のVTRを作るのに、ロケ1日、編集に10時間はかかった。大変ではあったが、それでも「編集」は映像の仕事の醍醐味であり、それができるのはディレクターの特権だったのである。

だからほとんどのディレクターはADに編集させるチャンスなんかくれない。ADはみんな、こそこそ先輩の技術を盗む以外方法がなかった。

でも、ムネさんは違った。

あるときふと「何回か俺の編集を後ろで見てたから、もうそろそろできるよな」と言った。

バカを扱う天才が、俺にチャンスをくれたのだ。

「今回のロケの素材、おまえが先に編集しろよ」

25歳、異例の抜擢

はじめは、ロケの素材の面白いところ、必要不可欠な情報だけを抜いてつなぐ「荒1」と呼ばれる編集をして、次に「荒2」という完成に近い編集をする。

本編が5分だとしたら、「荒1」が15分、「荒2」になると6、7分の長さになる。「荒2」まで編集できたら、師匠のムネさんに見てもらう。

自分の編集に自信がなく、我ながらひどいと思うときもあった。それでもムネさんは「なんだこれ」とか「全然ダメだな」みたいなことは絶対に言わない。

さーっと見て、「ああ、はいはい」「もうちょいかな」とつぶやくと、元のVTRを引っ張り出し、俺の作った「荒1」を見ながら、俺の目の前で再編集していく。

すると、まるで違う印象の「荒2」ができあがり、それを編集機でがちゃがちゃと本編に仕上げると､同じ素材を使っているはずの俺のVTRとは別物のVTRができあがった。

俺からしたら魔法だった。

ムネさんの仕上げたVTRのなにがすごいのか。「元気が出るテレビ」の本番収録で流れたらわかる。スタジオのたけしさんたちが大爆笑するのだ。

それを見ていた俺は、尊敬と嫉妬の気持ちを半々に抱いた。俺も爆笑を取りたかったから、ムネさんのやり方を必死に覚え、見よう見まねで手を動かした。そして「荒2」ができるたびに、ムネさんに見せ、ムネさんは「ああ、はいはい」「もうちょいかな」とつぶやきながら、手直しをしてくれた。

そんなことのくり返し。なかなか進歩はなく、地味な努力が続いた。それでも絶対にムネさんみたいに、たけしさんに爆笑してもらえるようなVTRを作りたくて、数え切れないほど徹夜をして、無限に思えるほどの時間を編集作業に費やした。

実際は、1年くらい経った頃だろうか。

俺の編集した「荒2」を見て、ムネさんはふと言った。

「うん、いいんじゃねぇか、これで」

このひと言を聞いて、俺は崩れそうになった。

初めて一人前として認められた瞬間だった。師匠が一人の弟子を育て上げた瞬間でもあった。

その日以来、少しずつムネさんの手直しが減っていき、やがて俺が本編まで仕上げたVTRが、本番収録で流されるようになる。

スタジオでウケると、プロデューサーが「さすがムネさん、面白いね」と言ってくる。「ありがとうございます。ウケてよかったですね」と答えるムネさんを見て、弟子の俺としてもうれしかった。

しかしムネさんは思わぬことを言った。

「このVTR、俺が編集したんじゃないんですよ。誠がやったんです」

俺はびっくりした。フリーのディレクターは番組にとっての助っ人外国人的存在であり、手柄を増やすことが次の仕事につながる。ADの手柄にしたってなんの得もない。

それなのにムネさんは、

「こいつまだ20代ですよ。天才かもしれません」

「ロケもできるし、編集もできるし。若いのにがんばっていますよ」

などとプロデューサーの前で俺のことを褒めた。

それも一回だけじゃない、何度も俺のことを話してくれた。

おかげでAD歴4年、わずか25歳にして、俺は『天才・たけしの元気が出るテレビ!!』のディレクターになることができた。

異例の抜擢だった。

ムネさんには本当に感謝しかない。

人生の転換期には、大恩人が現れるという。俺の人生もまさにそんなことのくり返しで、誰かが必ず要所で俺のことを変えてくれた。

俺はただまっすぐに生きているだけ。でも誰かがそんな愚直な俺を見て、呆れて、ひとつ上の世界に引き上げてくれるらしい。

あのたけしさんが笑った

25歳の俺がディレクターとなって作ったVTRは、早朝シリーズの「早朝逆バンジー」や、現役の暴走族が自衛隊に体験入営する企画など、危険をともなうものが多かった。「早朝逆バンジー」では出川哲朗さんから「首がもげるかと思った」と言われた。またある暴走族に出てもらう企画では、ADのミスで、2つのチームをブッキングしてしまい、危うく茨城の河川敷で40人対20人の抗争がはじまりかけたこともある。ADが戦場のド真ん中で抗争に巻き込まれそうになっていたので、俺は急いで駆けつけてADを怒鳴り散らした。場は収まり、ロケは完了。大人がブチ切レたら、みんな引くものらしい。

それからMr.オクレさんや島崎俊郎さん、当時は新人芸人だった出川さんなど、体当たりでリアクションをくれる人たちを最大限に活かす企画を考えた。

たとえば「カーリング公衆便所」。まず冬になると氷が張る湖をロケ地に選び、畔の水辺ギリギリに簡易の公衆トイレを設置する。

偽の企画で呼ばれた芸人さんが用を足しに行くと、簡易トイレの壁がすべて倒れてフルオープンになる。しかも、床が凍っている湖に向かって坂になる。

どうなるか？　しゃがんで用を足していた芸人さんは、そのままの体勢ですーっと氷上を滑りはじめていくわけだ。すると、ブラシを持った仕掛け人たちが現れ、芸人さんが滑っていく先をブラシでゴシゴシと磨き、何メートルまで到達するかの距離を競う。ブラシで一生懸命氷上をこすっているのは本物のカーリング選手だ。下半身丸出しの芸人さんは一体なにが起きているかわからない。けど、とにかく大事なところは隠しながら、滑っていった。

ちなみに一番気をつけていたのは、氷の厚さだった。氷が薄くて割れて、芸人さんが落ちたら事件になるから、ロケをする場所は慎重に決めた。

ただそれでも今のコンプライアンスの感覚からは信じられない話だろう。当時は面白いことが最優先だった。

なにがなんだかわからないけど、なにが起こるかわからない俺のＶＴＲが、スタジオでウケはじめていた。

出演者たちが笑っていた。観覧客たちが笑っていた。

そしてすべての中心で、あのたけしさんが笑ってくれていた。

小学生のときからの憧れだったあのたけしさんが、俺が考えて、俺が撮って、俺が編集したVTRを見て笑ってくれている。

泣くほどうれしかった。その瞬間、俺は人生で初めての快感を味わった。

これが有頂天かと思った。

ここで終わればハッピーエンドと言えるかもしれない。


だが人生はまだまだ続いていく。まだ俺は25歳だった。

自分に置き換えて想像してみてほしい。

山形の農業高校から上京して、憧れの番組で働けることになって、最年少でディレクターになって、自分の作ったVTRがビートたけしさんにウケて、スタジオで爆笑を生んで、ゴールデンタイムに全国で放送されているわけだ。

誰だって、調子に乗るだろう。

「俺が日本の笑いを生み出している」とまで思えてしまう。

でも「好事魔多し」だ。

つねに押せ押せのスケジュールにピリつきながら、俺は企画会議でも、ロケの現場でもＡＤに「これやるぞ！」「いいから用意するんだよ！」と乱暴に指示を出し、ただでさえデカかった俺の態度はますますデカくなっていた。

それが仇となった。あるとき、ダラダラと動くＡＤの姿が目に付いた瞬間、「おまえ、違うだろう」とつい手が出てしまったのだ。

決して許されることではない。だが、当時の現場の長はすぐに部下をぶん殴ったし、言葉でも容赦なく罵った。

とにかく「全力で面白いＶＴＲを作ること」だけが正義だったから。ダルいヤツらは許さない風潮があった。

俺もその風潮に従ったまでだ。だけど、ちょっと相手がまずかった。俺が手を出したそのＡＤはフリーでも、制作会社のスタッフでもなく、日本テレビの社員だったのだ。

後日、会社に行ったら社長に呼び出され、こう言われた。

「おまえさ、明日からもう『元気が出るテレビ』やらなくていいから」

「はぁ？」

「『ザ！鉄腕！ＤＡＳＨ!!』の〝ＡＤ〟をやれ」

「なんでですか!? 今さらADやるなんて無理ですよ」

ありえない話だった。飲食店でたとえたら、ディレクターは店長で、ADは皿洗いのバイトのようなもの。俺が笑いを作っているんだ。プライドが許さなかった。

だが社長は冷たかった。

「無理もなにもない。おまえは日テレの社員に手を出したんだから、会社として『元気が出るテレビ』の現場には行かせられない」

「素行不良」という理由で番組から外され、ディレクターからADに降格を命じられたわけだ。

まあ当然と言えば当然のこと。

でも俺、頭にきちゃって。

「ふざけんなよ! このやろう」とその場でブチ切れた。

「俺の人生を、おまえなんかにあれこれされたくないんだよ」

啖呵を切った。そして俺はその場でIVSを辞めた。

こうして、俺はゼロになった

社長としては「示しをつける」意味での人事だったのだろう。ほとぼりが冷めたら、また元のポジションに戻すつもりだったのかもしれない。

でも調子に乗っている25歳は、自分を客観的に見ることができなかった。「面白いものを撮っているのになにが悪い」「俺のおかげで笑いを取れているのに」と、大物監督のような気分でいた俺にとって、異動とか降格なんて、とうてい受け止められる話じゃなかった。

一方で、現場ではどうも俺は疎まれる存在だったらしい。「辞めてやる」と言う俺のことを、引き止めてくれる人間は一人もいなかった。

そりゃそうだ。25歳のちょっとツッパった、大物気取りの、才能もあるかどうかわからないようなヤツを引き止めるメリットはない。

トラブルを起こして、反省しないなら、そのままどうぞご勝手に、ということだ。

というわけで突如、ＩＶＳから、「元気が出るテレビ」から、たけしさんと関われる仕事から、離れることになった。

人生で最高に絶好調だったのに、自分で自分の人生をダメにした。
しょうもないヤツなんだよ、俺は。
おまけにその後の仕事のあてもなにもなく、ゼロ。
ゼロになっちゃった。
街の電気屋で「元気が出るテレビ」を見かけると、目を逸らすようになった。
見られなかったんだ。悔しすぎて。

Words

本気でなめられたら攻撃する。

イジりとイジメが違うように、
イジりとなめるもまったく違うもの。

ときどきその理屈のわからないヤツが社会に交じっています。

だから真剣になめられたときは、真剣にわからせてやらないといけません。

俺は「こいつは俺のことをなめているな」と感じたら、火が出るほど怒ることにしています。

上下関係をなくせパワハラをなくせ、とうるさい時代ですが、下の人間が上の人間をなめていたら、ちょっとこっち来いと言って、殴りこそはしないが、殴るくらいの勢いで怒ったっていいでしょう。

ルールをわかっていない人間に「あ、これ以上は踏み込んではいけないんだ」と気づかせてあげることも大事な教育ですから。

今はどこのテレビ局に行っても、仕事場に行っても、下の人間に気を使ったり、下の人間に帳尻を合わせようとしたりする上司が増えています。

そんな優しさは、組織を強くしません。徹底的に怒ることを、パワハラだと訴えてもけっこう。リーダーならそれくらいの覚悟はするべきです。

丸くなることが、器の大きさではない。

Words

自分の弱さをさらけ出す。

どうすれば他人になめられずに仕事ができるでしょうか。

なめられたくないと思っている時点で、きっとなめられているでしょう。

人は、周囲からイジられている人の方が圧倒的に強いです。

たとえば笑福亭鶴瓶さんは、若いタレントに「うるせえなジジイ」などとあえて言わせて、「なんやおまえ、そんな言い方ないやろう」と情けなく返してみせたりします。

ビートたけしさんも、あえて若手芸人に熱湯風呂に突き落とされ、「熱いよばかやろう」と情けない姿をさらします。けれどそういう人は、全然情けなくない。人間として圧倒的に強いことは誰もがわかっています。

昔は下の人間になめられまいと、あえて不機嫌な態度を取ったり、マウントを取ったり、威圧したりする大先輩がいたものです。でもそういう人たちは、みんな力を失い消えてしまった。

俺は先輩たちから「かっこつけるな、かっこ悪いから」と何度も教えられてきましたが、本当にそのとおりだと思います。

だから俺も後輩から「マッコイさん、ジュース買ってきて」などとイジってもらえる方がありがたい。「なんでてめえのジュース買わなきゃいけないんだ、このやろう」と怒ってみせながらも、結局最後には「おいしいの1杯どうぞ」って渡した方が面白いでしょう。

――日本の頂点に立つ芸人は、後輩芸人から熱湯に落とされる。

Words

食わず嫌いをしない。

「聞くは一時の恥、聞かぬは一生の恥」。俺はこの言葉を大事にしてきました。テレビの世界では「完パケ」「白完《シロカン》」などの業界用語が飛び交っていて、知らないと仕事ができないから、自然とその考え方が身についたんです。

でも「他人から教わる」というのはだんだん恥ずかしくなってくるし、だんだん面倒にもなってくる。だから「聞くは一時の恥、聞かぬは一生の恥」というこのありふれた言葉は、年を取るごとに重みが出てくるんです。

知らないことに食いつけるかどうか。本当にそれだけで、人生は確実に変わります。

俺は昔「韓流アイドル」というものに対してなんとなく幼さを感じていたから、自分には合わないものだと勝手に思っていました。

でもあるとき韓流アイドルが好きだという仲間にためしに「なにそれ知らない」「連れてって」とお願いし、ライブに連れて行ってもらったら、そのあまりのかっこよさに、きれいさに、強さに、心底びっくりして、新しい世界が開けてしまったんです。

格闘技の会場でも「流れてる音楽がかっこいいな」と思った直後、それがBLACKPINKだと気づいてさらに興奮したりします。BLACKPINKを知らなくても試合は楽しめるはずだけど、知っているからもっと楽しめるわけです。人生そんなもんばっかりです。

だから人生なんでも「知りません」「教えてください」って食いついた方がいい。知った方が得だよって、そのとき神様が教えてくれているわけですから。

完パケ　完全に編集し、放送できる状態

白完　テロップが1枚も入っていない状態の、画（映像）だけができあがった状態のVTR

「まだ知らない」ことが人生の醍醐味。

Words

外見には気を配る。

俺の田舎はいいところです。のんびりしてる。

人もみんないい人に違いない。

でも同級生と会うと、びっくりするくらいおじいちゃんなんですよ。

嘘だろう？　まじか？　おまえもうちょっとで死んじゃうんじゃねえの？　っていうくらい老化しています。

人間は緊張感なくのんびり暮らしていると、猛スピードで年を取っていくようです。

だから自然体で生きるなんてダメです。あっという間におじいちゃんおばあちゃんになる。

年を食うほど、服装とか身だしなみには気をつけた方がいい。

俺はそうしています。少なくとも、演出側の俺がダサかったら、タレントさんや俳優さんと会ったときに、こいつは自分の演出もできてねえのに大丈夫か、と心配させてしまいますから。

見た目というものは、一度ゆるんだらとことんゆるみます。

そもそもオシャレなんて、他人に見せるためじゃなく、自分のためにするものだと思うんですよ。

他ならぬ自分が、自分のかっこよさを認めるために。

――――――――**努力せず「外見より中身」というのは傲慢。**

Words

自分のダメなところを小出しにする。

他人に「自分の弱さ」を見せるのは難しいことです。

だからふだんから自分のツッコミどころ、ダメなところを小出しにしておけばいいと思います。

俺は浮気が原因で家族と5年別居しています。普通の人はそういうプライベートな話は周囲に隠すでしょうが、俺はあえて人に語って聞かせるようにしています。

「なにやってるんですか?」と本気で軽蔑されるようなことも、平気で言います。昨日うんこ漏らしちゃってさ、とか。もちろん勘違いしたり、言い間違えたり、うっかりしたりなんてことはしょっちゅう。そういう日頃の積み重ねによって、職場には「うちのマッコイは全然ダメだな」という空気ができあがってます。

人間関係はそれくらいがちょうどいいですよ。

がんばって好かれようとしたって、どうせ好かれやしません。

だったら、バカにされるくらいの余裕を持ちたい。

「この人は本当にダメだな」って、くすっと笑われるたびに、人との距離は縮まっていくもの。大人になると見えにくくなる、相手の温度感というか「本来の姿」に触れやすくなるものです。


弱点をさらすほど、弱点がなくなる。

Words

不安なら、あえて勝負する。

現状に満足できていない。将来に不安を感じている。

そういうヤツは、今まで勝負してこなかった、あるいは今勝負していない人間なんだと俺は思います。

自分が望むものを手に入れるためには、この商売に賭けるか、この人間に賭けるか、この技術に賭けるか。なんらかの「投資」が欠かせないからです。

お金やポジションや信頼というものは、背負ったリスクに比例して大きくなる。

なんの勝負もせずに、ただ人に雇われて、毎月決まったお金をもらって、そのお金を好きに使っているということは、普通の人より悩んだり工夫したりせず、ぼーっと生きてきたわけです。

現状に満足できないというのは、そのサボってきたただのツケにすぎないでしょう。

1億円を損する人は、1億円を稼げる人でもある。大負けしている分、すぐさまホームラン一発で逆転できるような能力があります。

失敗を乗り越えないと、成功はないです。仮に成功できなくても、それは経験という財産になります。

なにもせず老後の負担を軽くしたいなんて愚の骨頂。

ぶつくさ言ってる暇があったら、マグロ漁船にでも乗ってこいよと思います。


やらない理由を考えるほど無駄な時間はない。

Words

毎日ご先祖様に手を合わせる。

運が上がるいい方法があります。

ご先祖様にお水をあげて、1日1回手を合わせることです。

できれば、年に1回はお伊勢さんに行った方がいい。

その習慣だけでも運は上向くでしょう。

少なくとも、のらりくらり、日々誰にも感謝せずに生きるよりかはよっぽどいい。

俺は毎日、ご先祖様（じいちゃん、ばあちゃん、父ちゃんの遺影）にお水をあげ、手を合わせています。そして「南無釈迦牟尼仏《なむしゃかむにぶつ》」と3回唱え、神棚に向き直り「祓い給え、清め給え」と唱えてから外出しています。

これは田舎から出てきて数十年、海外出張のときを除き、欠かさずやっていることです。

ばあちゃんにそういう習慣があり、その姿を小中高と近くで見ていた影響が強いです。こうするとご先祖様が見ている。悪いことをするとご先祖様が見ている。お盆になるとご先祖様がやってくる。そんなふうに教わりました。田舎ならではの「染み付いた風習」と言ってもいい。

でもそのおかげで、自分が今、ここに存在していることに対する、感謝の気持ちを忘れることはありません。忘れてしまったら、天国のばあちゃんに叱られそうな気がするから。

都会で日々忙しくしていると、見えない存在みたいなものは、だんだん信じなくなるかもしれない。

でも俺は信じますよ。すぐそこにいるような気がするときさえある。

——やらないより、やった方がいいことは、ただやるだけ。

Words

スポーツで自分を追い込む。

仕事には、生物としての具体的な「強さ」も必要です。自分の弱さを知るためにも、定期的にスポーツで自分を追い込むことをすすめます。俺はボクシングジムに行き、汗を流すようにしています。練習は一人で黙々と自分を追い込んでいくだけ。いつも一人。だからこそ「まだ1ラウンドだけどもうやめたい」「この間まで2ラウンドもたなかったが、いつの間にか3ラウンド続いている」など自分の軟弱さ、成長を確認することができています。自分をどう追い込むか。どこまで負荷をかけられるか。どれくらいテンションを上げられるか。そういった感覚を身体でつかむと、いざというとき仕事で限界まで攻められます。またたまにスパーリングもします。初対面の人間に殴られる経験はなかなかない。誰だってイラッとするでしょう。「このやろう」という怒りも湧いてくる。

そのとき「ああ、イテテ、やめてください」という自分の弱さは決して受け入れられない。一発殴られたんだから、必ず殴り返してやると、熱くなれるかどうか。大人になるにつれて弱まっていたはずの闘争心が、まだ自分の中にあることに気づけます。

動物的な心をむき出しにすると、終わった後に心からの爽快感があり、対戦相手に心から「ありがとうございました」と言いたい気持ちが湧いてくるものです。

ボクシングに限らず、スポーツで自分を追い込むといい。プロじゃないんだから、手を抜こうと思えばいくらでも抜ける。でも、手を抜かなければとことん強くなれるから。


強気でいきたければ、もっと強くなればいい。

Words

趣味は増やせるだけ増やす。

仕事をしてるか、飲みに行くか、それ以外はなにもしない。

疲れているから？　なんだそりゃ。

俺は逆だと思います。趣味にのめり込めば、疲れなんて吹き飛びます。

俺は20代からバイク好きですが、50代の今の方がツーリングに出かけています。

バイクの他にも、釣り、ゴルフ、格闘技、スポーツ観戦を続けているし、今は植物に興味がある。その流れで農業をやりたいけど、そう思い立ったのは50歳のときです。

俺が言いたいのは、年を取るほど、どんどんいろんなことやっちゃった方がいいだろう、ということ。

「やらなきゃ」にばっかり縛られてないで、もっと「やりたい」を意識しよう。

あきらめているとつまらないですよ。残りの人生、退屈に殺されるだけ。

もちろん趣味を続けても、見返りなんて期待しない。

本当にただ好きでやる。シンプルに楽しい、面白いと感じながら、やることのフィールドを広げていく。それだけで最高です。


見返りを考えていないと、ときどき大きな見返りがある。

Words

会話は相手に主導権を渡す。

人間は、気を抜くと、自慢話、昔話、自分の話が出やすい。

特に自分の話に耳を傾けてくれるような、優しい人を目の前にすると、「昔はすごかったんだ」「タレントの誰々さんと仲がいいんだ」「あの番組作ったの僕なんだ」みたいな話をしたがる人間は多いものです。

でも、相手はたぶんなんとも思っていない。今は時代進んでるしって、興味ねえからってバカにされている。はたから見れば、偉くもなんともなくて、ただの恥ずかしい存在でしかない。

もしも人として対等に扱ってもらいたかったら、自分より立場が下の人には、自分の話をなるべくしないことです。

説教なんてもってのほか。男はバカだから、好きだと思った女性を説教しはじめたりする。説教することで、尊敬されようとしているから本当に危険だ。

特に自分よりも若い人としゃべるときは、自分の娘や息子としゃべるみたいにして、「そうだよね」「そういうの嫌だもんね」「わかる」とひたすら肯定しながら、とにかく聞く耳を持った方がいいです。

その上で「あなたたちの世代ではなにが流行っているの？」とか「どこに行ったら、今の人たちはかっこいいのかな？」などと教えてもらうんです。

そうやって相手のことをリスペクトし、運が良ければ、こちらも一人の人間として扱ってもらえるかもしれません。

自信がある人ほど自慢をしない。

2部 発進

俺はもう一度、あそこへ戻る。

2部——発進

俺は本当に運が良かった。

まさかと思ったが、
テレビの制作会社に受かった。

まさかと思ったが、
『天才・たけしの元気が出るテレビ!!』
の現場に立つことができた。

ボロ雑巾みたいなAD生活の中、
すごい先輩が編集技術を叩き込んでくれて、
最年少でディレクターになることができた。

俺の作ったVTRが、
本番で使われるようになり、
スタジオで笑ってもらえるようになった。

たけしさんも笑っていた。
夢のようだった。

だが好事魔多し。
問題を起こして、社長に呼び出され、降格を告げられる。
その勢いで辞めてしまった。

25歳の終わり、全部がゼロになった。

episode 5

無職と迷走

加藤浩次と矢作兼と眞野勝忠

仕事は自分一人ではできない。

だけど若いときに調子に乗ると、その当たり前の事実を忘れがちだ。

自分がちょっとした天才だと錯覚し、「自分の才能のおかげで、みんないい思いができているんだ」と思い込んでしまう。

そのまま突っ走っていると、周囲のサポートにも気づけない。当然、感謝もしない。

「元気が出るテレビ」のディレクターとして絶好調だった俺はまさにそうだった。

自分一人だけが面白くて、周りの人間はその他大勢だと感じていたわけだ。

それがＩＶＳを辞めたら、周りに誰もいなくなり、俺は本当になにもできなくなってしまった。

無だった。

制作の連中は、お互いにマウントを取り合いながらも、内輪で固まって行動していた。最悪だと思っていた。基本的に、他のディレクターやADは仕事上のライバルだ。そいつらと仲良しこよしはおかしいだろう。だから、俺は仕事が終わればいつも一人ですぐに帰っていたし、飲みにも付き合わないから、裏では「あいつは生意気だ」と言われていた。

一緒にいたくないんだからいいだろう。仕事で結果を出していればいいじゃないか。そう思っていたが、実際に「結果を出せる場」から離れて、一人になったら、誰からも引き止められることはなく、他の会社から声がかかることもなく、ただ悲しかった。

納得はいかなかったが、俺に対する周囲の評価は俺が思っているよりも低いんだという現実を突き付けられた。

俺は孤独だったのだ。

でもこう言うと矛盾するようだが、一方でゼロになった俺を再起させてくれたのは仲間の存在だった。

加藤浩次と矢作兼、そして眞野勝忠。
後に、加藤浩次は極楽とんぼに、矢作兼はおぎやはぎに、眞野勝忠はＲＡＴＳという
ファッションメーカーの代表になる人物である。
まだ当時は何者にもなっていなかった３人だが、いつもなにかしでかしてくれそうな、
どんどん前に進んでいくような姿を見せてくれた。彼らのそばにいるだけで、俺もこのま
ま凹んでいても仕方がないなと思えた。すごく励まされた。

３人と出会ったのは、「元気が出るテレビ」のＡＤ時代のことだ。
タレントの兵藤ゆきさんのロケを担当していた俺は、兵藤さんのチーフマネージャーと
服や、趣味であるバイクの好みが似ていたことで仲良くなり、ある日のロケ終わりに、「飲
みに行くか。おまえと息が合いそうなヤツがいるんだよ」と誘ってもらった。俺は酒が飲
めないが、盛り場の雰囲気は大好きだったからよろこんで付いていった。
連れて行ってもらったのは、中目黒のＶＩＶ（ヴィヴ）というバーで、そこでバーテン
ダーとして働いていた「息が合いそうなヤツ」が同い年の加藤浩次だった。
客とバーテンダーという関係で、はじめはお互いに敬語で話していたが、そのうち毎日

飲みに行くようになり仲良くなった。

加藤は北海道から、俺は山形から上京。どちらも笑いの世界でやっていこうとしていた。

そして同じバーでもう一人バイトしていたのが眞野勝忠、マー坊だ。

やがてマー坊とも仲良くなり、ある日そのマー坊から相談された。

「俺の後輩で、芸人になりたくてしょうがねぇってヤツがいるんだよ。話を聞いてやってくれねぇかな」

そう言って「元気が出るテレビ」のADである俺と、売れない芸人である加藤のところに連れてこられたのが、貿易会社で新人サラリーマンをしていた矢作兼だった。

俺が19歳のときに加藤とマー坊と知り合い、矢作と会ったのは20歳のときだった。

他のディレクターやAD、放送作家とつるまなかったのは、加藤、矢作、マー坊がいたからだ。

仕事が終われば、いつも3人と遊んでいた。

その加藤とのつながりで山本圭壱とも知り合い、矢作とのつながりで小木博明とも知り合い、マー坊を通じて、他の業界の人たちと知り合った。なにかを本気でめざしている彼らの話は、つねに前向きで刺激にあふれていた。
22、23、24、25歳と、中目黒で本当に毎日、朝まで遊んでいた。
言えないこともいっぱいやった。ヤンチャのレベルがときどき度を越した。俺たちの「こんくらいいいだろう」がアウトで、他人様に迷惑をかけてしまったことも数え切れない。

でもそんなふうに遊びながら、俺はどんどん確信を深めていった。お笑いの世界はこういうヤンチャを認めてくれるからこそ、ずっと大好きなんだと。


早朝から寝ている人にバズーカを撃って、笑ってもらえる世界。

暴走族たちを怒らせて、「面白い企画だね」って褒められる世界。

芸人さんを海に落として、溺れそうになっている姿をうまくカメラに収め、大成功だったなとお互いに称え合う世界。

そんな独特な世界で、仕事をさせてもらえることに誇りを感じていた。

それなのに、俺はみずからその世界を手放してしまったわけだ。

底辺のバイトで食いつなぐ日々

ＩＶＳを辞めてまず困ったのはお金だ。

次も当然、ディレクターをやりたかった。それもバラエティ番組、お笑いがいい。テレビの世界には「フリーのディレクター」という人たちがたくさんいるが、20代の若造をディレクターとして雇ってくれるところはほとんどなかった。

今と違って配信系も、YouTubeもない。

バラエティ番組の数は限られ、いい仕事は制作会社が押さえている。自分から会社を辞めた若造に「次にどこへ行けば仕事がもらえるか？」を教えてくれる人もいなかった。

だから俺は肉体労働をはじめた。

肉体労働をしながら、国道沿いを、繁華街を歩きながら、改めて「ああ、ゼロになったな」と思った。

山形から東京に出てきて7年目、ビートたけしさんと仕事ができて、ディレクターとして1コーナーのＶＴＲをまかされて、そして今、汗だくでお笑いと無関係のバイトをしている。

こっからどうすんの？

元いた職場の同僚たちは、今もテレビの世界で働いているのに。

急に怖くなった。

20代にとっての7年は長い。26歳の俺は完全に停滞していた。

唯一の心の救いだったのは、加藤や矢作が、まだまったく売れてないのにいつも明るかったことだ。

「今月なんて給料5000円だよ。笑うしかないよな」

そんなことをぼやきながら、明日はライブだからと懸命に練習をする。その姿は輝いていた。

こいつらすげえいいな。仕事もねぇのに前へ進んでんな。俺も負けてらんないな。

episode——6 情報番組

もう一度テレビの現場に戻る

最初に「フリーのディレクター」として仕事を探しはじめたとき、いくつか声をかけてくれる番組や制作会社があった。

でも、俺はお笑い、バラエティ番組をやりたかったので、それ以外は全部断っていた。

すると、ディレクターの仕事の話はピタリと来なくなり、昼のバイトに加え、夜のバイトも増やして、日銭を稼ぐしかなくなった。そして3ヵ月も過ぎた頃、俺はいよいよ観念した。

俺にとって大事なことってなんだ?

それは、もう一度テレビの制作の現場に戻ることだ。

ならば、バラエティ番組だけにこだわらなくてもいいだろう。

肉体労働が3ヵ月くらい続いた頃、俺はまたコンビニに行き、雑誌の『De☆View』を開いていた。

『De☆View』はアイドルや俳優、モデルのオーディション情報の雑誌だが、ときどきタレント事務所や制作会社のスタッフも募集している。

このときも運良く、『ズームイン!! サタデー』の番組ディレクターの募集広告を見つけることができた。ディレクターに戻れるチャンスだ。

でも「ズームインか」とがっかりもする。

バラエティ番組が不良の集まる工業高校だとしたら、「ズームイン」のような朝の情報番組は優等生の集まる進学校のイメージがある。抵抗感があるし、正直言うと少しバカにしていた。

しかし、もう選り好みをしている場合じゃない。

なんでもやってやる、と覚悟を決めて応募。するとあっさりと契約をもらうことができた。『De☆View』にはどうも縁があるようだ。

当時はじまったばかりの『ズームイン!! サタデー』は土曜日の朝の情報番組だった。司会は福澤朗さん。入社2年目の羽鳥慎一さんがスポーツコーナーを担当していた。同番組の総合演出の人が、「元気が出るテレビ」で俺が作っていたVTRを見ていたらしく、その腕を買ってくれたようだ。

ギャラは、番組内のコーナーのVTRを1本作って15万円。

IVS時代の月給は25万円くらいだったから、月に2、3本撮れるようになれば収入増だ。

「キミのVTRは面白いから自信を持ってやってくれ」

期待されてのスタートは初めてのこと。それはそれでうれしかったが、やっぱりバラエティをやりたい俺としては妥協して仕方なく、「まあ、やるか」という気持ちでもあった。

情報番組なんてつまらないに決まってる。

芸人さんを海に落として、溺れている姿を撮って「最高だったな」と評価されるバラエティが大好きな俺にとって、それでは今日のお天気コーナーいきましょう、さあいよいよ桜が開花しましたねなんていうヌルい中継をして、なにが面白いんだと思っていた。

だから、食うために仕方なく、だ。

テレビの現場に戻るために仕方なく、だ。

でも、現場に入ってみたら、とんでもなかった。俺は情報番組をなめていたと、即反省した。

人をまとめるのに必要なもの

福澤さんが読みあげるナレーションはディレクターが書く。

基本は生放送だから、きちんと尺に収まるか、この表現で伝わるか、細かなところまでこだわって言葉を選ばなくてはいけない。

VTRが流れている間にも、担当しているコーナーの尺が秒単位で短くなったり、長くなったりする。その変化に対応して即座に原稿を書き直し、隣にいる福澤さんに指示を出し、キューを出すことになる。

生放送ならではのヒリヒリ感があった。

また、自分で撮ってきたVTRのナレーションも自分で書くことになっていた。バラエティ番組ではいつも放送作家が書いてくれていたから、いい経験ができた。

なによりも勉強になったのはチームワークだ。

朝の情報番組は大所帯である。

それでも、総合演出のサトピンさんは「俺がいいと言ったら、いいんだよ！」というような強引なやり方をする人ではなく、なにか判断すべき場面になると、必ず出演者やスタッフ一人ひとりに「どう思う？」「どう思っている？」と丁寧に聞き、意見をまとめた上で決定していた。

またディレクター一人ひとりのいいところ、得意なところをよく見ていて、彼らが力を発揮できそうなシチュエーションがくると、「責任は俺が取るからまかせた」と背中を押した。

これが人をまとめていくのに必要な力なんだな。

バラエティ番組で調子に乗って、ADにああしろこうしろと指図し、反対意見が出ると「うるせえ、これでいいんだよ！」となんでもかんでも突っぱねていた俺は小さかった。

ヤンチャで、一緒にわっと盛り上がれる工業高校は好きだ。

でもチームプレイで、てきぱき動ける普通高校のヤツらも悪くない。

サトピンさんは『24時間テレビ』の総合演出もする人物である。

自分との器の大きさの違いをまざまざと見せつけられた。

笑いはどこでも生み出せる

『ズームイン!! サタデー』を経験したことで、ディレクターとしての視野が広がった。「話題の現場検証」という5分ほどのコーナーは、朝の情報番組でありながら、バラエティっぽい内容だった。

福澤朗さんとロケに出て「街で流行っているもの」をレポートするわけだが、「今、女子高生の間でプリクラが流行っている」というテーマなら、「プリクラってなんだ?」というところから調べることになる。幅広い層が視聴する朝の情報番組ならではだ。

しかしそれは、バラエティで磨いたロケのノウハウが活かせる仕事でもあった。

渋谷の女子高生に街頭インタビューして、プリクラメーカーの広報さんに詳しい話を聞く、というのがセオリーだが、途中、巣鴨の商店街のおばあちゃんたちに「プリクラって知っていますか?」という取材をはさんだ。おばあちゃんは知らない。じゃあぜひ記念に撮ってみましょう、ということでおばあちゃんに実際にプリクラ撮影をしてもらう。「なんなの、これ？　遺影にでもなるの？」と目を丸くするおばあちゃん。スタジオは爆笑。

最後は「こんなかわいいプリクラができました！」と、福澤朗さんとおばあちゃんの顔がにこやかに並んだ微笑ましいプリクラのカットで締めくくる。

家族みんなが安心して見られる、アットホームな笑いだ。

ずっと早朝バズーカみたいな下品で激しい笑いばっかり作ってきたから、俺にとって新鮮な気づきがあった。

笑いというものは、情報を織り交ぜながらも生み出すことができる。

そして笑いというものは、どんな場所でも生み出すことができるんだと。

情報番組でもバラエティの笑いは有効だ。

反対に、バラエティ番組でも旬の情報を入れると内容に奥行きが生まれる。

20代後半でその感覚を得られたのは貴重だった。

そこでの経験が、俺を急成長させてくれたからだろうか。

『ズームイン!!　サタデー』をやったのを最後に、俺は情報番組の仕事はしていない。

episode 7

加藤浩次

仲間たちの上昇気流

20代前半、俺は渋谷の高級住宅街に住んでいた。

フリーのディレクターとして仕事をはじめ、引越し先を探していたときのこと。加藤浩次がバーで知り合った不動産会社の兄さんが、「家を1軒貸してやるよ」と紹介してくれたのだ。

喜び勇んで見に行けば、隣は大物演歌歌手の邸宅。

しかし立地は駐車場だった。

建物は「スーパーハウス」というプレハブ式ユニット住宅で、工事現場の作業員が寝泊まりする仮設事務所などに使われるもの。間取りは6畳2間。

駐車場の管理人も兼ねたので、家賃はほぼ駐車代くらいで済んだ。

そこはすぐに仲間の溜まり場になった。金も時間もなく、体力だけはあった俺たちはそこで寝る間を惜しんで遊んでいた。

思い出は数え切れない。

夜中、寝ていたら突然、部屋全体にどすんという衝撃が走って、「地震だ！」とあわてて外に飛び出したら、見覚えのある連中がゲラゲラ笑っていた。

加藤浩次、矢作兼、マー坊こと眞野勝忠、3人の悪ガキが俺の住むスーパーハウスの四隅を持ち上げてぐらぐら揺らして遊んでいたらしい。

そのスーパーハウスには、26歳の終わりまで住んだ。

そしてちょうどそこから引越す頃、遊んでいた仲間たちが次々と売れはじめたのだ。

極楽とんぼは『とぶくすり』『めちゃ×2イケてるッ！』のレギュラーになって一躍有名になり、おぎやはぎはライブでみるみる人気が出はじめ、マー坊は洋服ブランドの社長としてアパレル業界で脚光を浴びるようになっていた。
19、20歳から一緒にいる仲間たちが、街を歩けば、通行人から声をかけられたり、憧れの目で見られたりしている。これは不思議な感覚だった。

嫉妬がなかったと言えば嘘になる。焦りも感じた。

でも、それよりはるかに強かったのは興奮だった。

一緒に遊んできたヤツら、しかも「こいつは絶対面白い」と心から信じていたヤツらが世の中で一気にのし上がっていく様子を見るのは最高で、本当にワクワクすることだった。

仲間たちの上昇気流。

それに引っ張られるかのように、俺にもチャンスがやってくる。

29歳のときだった。極楽とんぼが深夜に『極楽とんぼのとび蹴りヴィーナス』という冠番組を持つことになった際、加藤が声をかけてくれたのだ。

「誠。おまえ、そろそろ一緒にやんねぇか?」

加藤が俺をバラエティの世界に戻してくれるという。

「やんのか、やんねえのか」

ゴールデンタイムに大暴れしていた加藤が、俺のことを引っ張りあげようとしていた。

仲間の力なんて借りるかよ。俺には俺のやり方があるんだよ。

「……もちろん、やるし」

総合演出という仕事

俺は加藤浩次と一緒にテレビ朝日へ行った。

「俺は総合演出になる」と決めていた。

総合演出と言えば、番組の全責任を負うトップだ。ディレクターたちの憧れだと言える。深夜とはいえ、総合演出は花形だった。

しかし、加藤は真面目な男である。

局のプロデューサーに俺のことを紹介しながらも、本当は「最初はディレクターでいいだろう。いきなり総合演出をやらなくても」と思っていたかもしれない。

通常、フリーのディレクターにとって総合演出とは、まずどこかの番組で実績を出して、別の番組から声がかかり、その番組でも結果を出して、ようやくなれるようなポジションである。

でも、俺には関係なかった。他ならぬ友達の番組だから、俺以外の人間が総合演出をやるのは考えられなかったのだ。気合が入っていた。

「元気が出るテレビ」以来バラエティ番組を離れていた、なんの実績もない俺が「加藤浩次は19歳からの友達だから」と総合演出を買って出ていたわけだが、テレビ朝日のプロデューサーからすれば「おまえ誰だよ?」という話だろう。こちらは勢いだけ。

でも、まかせてくれることになった。

俺がすごいのではなく、まかせてくれた側がすごいと思う。

総合演出か。

これで偉そうにできる。かっこいいぜっていう気持ちがあった。

ただ、いざ総合演出をやってみたら、これまでの人生で一番つらかった。

なぜか。番組が面白くなるかならないかは、すべて「総合演出の力」次第だからだ。

誰が総合演出をするかによって、企画も構成も見せ方も変わるし、当然視聴率も変わってくる。

数字なんか関係ねぇよとツッパっていた、ディレクター時代にはまったく感じたことがなかった重圧に耐えきれず、1回目のオンエア後にはもう精神がまいりかけていた。喉もカラカラだった。

「何%?」と俺は聞いた。聞きながらも、怖くて耳をふさぎたい気持ちだった。

男性からの圧倒的な支持

数字を聞いて俺はつい「ウソだろ?」と大声を出してしまった。

いや、結果から言うと、『極楽とんぼのとび蹴りヴィーナス』の視聴率自体は悪くなかったのだ。

数字を聞いてほっとしていた。

驚いたのは、視聴者の「99・9%が男性」だったことだ(当時の視聴率のデータは詳しかった)。

別に男に見せたいと思って作った番組じゃない。でも、女性の視聴者はほぼいないという。

面白い男はモテる。モテたくて面白いことをする男もいる。そして俺たちが「面白い」と思っていることは、世間の女の子たちも絶対面白いと思ってくれるものだと、信じて疑わずに生きてきた。

しかし綿密なデータによって否定された。

（初回の企画内容はよく覚えていない。極楽とんぼの二人が揉めて、ケンカがひたすらエスカレートしていくものだったと思う）

誰でもそうだと思うが、初めての仕事に着手するとき、はじめは手探りだ。その後どうすればもっと喜んでもらえるのか、試行錯誤しながらセンスと発想を磨いていくことになる。

だったらこの時点で、軌道修正すべきなのだろうか。

いいや。俺たちは、俺たちの作る笑いが面白いと信じていた。どこに出しても恥ずかしくない自信があった。

見せ方、伝え方は下手だったかもしれない。でも、響く人には響いたわけだろう。

「女性にウケない」ではなく、これは「男性から圧倒的な支持がある」と思い直し、このまま俺たちらしいやり方で突っ走ることにした。

嫌われても全然かまわなかった

『極楽とんぼのとび蹴りヴィーナス』はオンエアするにつれて、ちょっとずつ評判が良くなっていき、途中で番組名は『極楽とんぼのとび蹴りゴッデス』に変わったが、2年半続いた。深夜番組としてなかなかの健闘ぶりだっただろう。

ただ会議は毎回、殺伐としていた。俺も加藤も尖っている時期で、反対意見は一切聞かず、いつも「これがおもしれぇんだよ!」と言ってゴリ押ししていた。

無難にまとめてなんになる。面白さを貫き通すのだけが正義だ。リスクなんて知るか。スポンサーがなんだ。俺たちは「まあまあ面白い」ではなく、自分たちが「めちゃくちゃ面白い」と思うものしか作りたくなかった。

周りの顔色を見ながら、仕事をうまく進めようとすることがなによりも気持ち悪い。仲良しのプロデューサーと雑談しながら偉そうに座っている年上の放送作家のアイディアのまあつまらないこととつまらないこと。

直感的にやりたくないこと、まったくピンとこないアイディアに対して、「それ、やってみてもいいかもしれませんね」とゴマをする人間が、会議のテーブルについていること自体耐えられない。

俺は、面白くないことには「面白くないですよ」と言った。相手が年上のディレクターだろうが、ベテランの放送作家だろうが、一流大学出のエリート局員だろうが関係なかった。嫌われても全然かまわない、と腹をくくっていたから。

放送作家に言われたものを、ただ撮ってくるのがディレクターではない。自分はこう撮りたい。こうやった方が面白い、という視点を持たないと、プロとしての仕事にはならない。

「ズームイン」でチームワークを学んでいた。他の「つまらないアイディア」をすべて頭ごなしに否定していたわけじゃない。「それはたぶん現場で撮れないですよ」「こうやった方が面白いんじゃないですか」と角が立たないように伝えたことはある。でも「つまらないアイディア」を、偉い人の意見だからといって映像にしたことは一度もない。

30歳そこそこだったが、俺は総合演出だったから。

どれだけ会議の空気が悪くなっても、俺一人だけ意見が違っても、俺は「俺が面白いと思えること」だけを基準にした。

「笑いのスパーリング」を何年もやってきた自負

なぜ俺は自分を曲げず、強気の態度を貫けたのだろう。おそらく、自分の世界を2つ持っていたからだと思う。

俺は仕事の世界と、遊びの世界をきっちり分けていた。

仕事の世界では、マッコイ斉藤が人に好かれる必要はない。重要なのは「面白さ」だけ。「嫌われてもいい」と思って仕事をすれば、誰だって「面白さ」をシンプルに追求することができるだろう。

気を使わずに、言うべきことが言えるだろう。ただ普通は、組織に属し、組織で動く以上、自分のやり方を貫き続けるのは難しいというのもわからないでもない。

俺がなぜ信念を曲げずにいられたかと言えば、遊びの世界に粋な仲間がいたからだ。

加藤浩次や矢作兼をはじめ、仲間たちみんなが粋だったから、俺もダサい行動はできなかった。

仲間たちの生き方が、俺の精神的な盾になってくれていたのだ。

もし仕事の世界で、スタッフみんなが仲良くやっていたらそうはいかない。

ここは顔を立てておくか。この間おごってもらったしな。あの人も立場があるからな。と、お互いを忖度してつまらなくなる。面白さを追求できなくなる。


この考え方は「元気が出るテレビ」のディレクターになったときから変わらない。

「元気が出るテレビ」の総合演出は、俺がいつも言うことを聞かずに撮ってくるので、俺をロケに出したがらなかった。言うことを聞かないのは、絶対に俺の方が面白いという自信があったからだ。

そりゃそうだろう。なにしろプライベートで遊んでいるのが芸人たちなのだ。

笑いで真剣にぶつかり合い、お互いに「笑い」を磨きあっていた。芸人からネタ作りを相談されるほどだ。

そんないわば「笑いのスパーリング」を何年もやってきたわけだ。

会議で仲良く話しているディレクターや放送作家に、「面白さ」で負けるわけがないのだ。

だから、なんでも言えた。俺はつねに強気の態度を取った。

若造がなんだよ……と向こうは悔しかっただろうが。

制作会社「笑軍様」設立

局側からの「こうしていただきたい」という要請。

俺たち側からの「うるせぇよ、おまえらは黙って見とけ」という拒否。

そんな攻防をくり返すうちに、『極楽とんぼのとび蹴りゴッデス』は終了してしまった。

でも、俺の自信は増していた。

なぜなら、どんどん違う仕事が舞い込んできたからだ。

「今、勢いが出てきているガレッジセールというコンビがいて、TBSで番組をはじめようと思っているので、マッコイさんやりませんか」と吉本興業のプロデューサーから持ちかけられ、『SURE×2ガレッジセール』という番組を手掛けた。

これはガレッジセールの二人が率いる「イボンヌギャング団」が暴走族、ヤンキー、チーマーたちと死闘を繰り広げながら全国統一を狙う、という企画をはじめ、放送コードのギリギリの企画が盛りだくさんの攻めた番組だった。

この番組も「男たちの支持」を集めて、『極すれすれガレッジセール』『激すれすれガレッジセール』と番組名を変えながら、丸2年続いた。


極楽とんぼとガレッジセールの冠番組の総合演出をやらせてもらうことができた。

そして俺にとってもう一つの30代前半の大きな出来事は、自分の制作会社を立ち上げたことだ。


会社を作った理由はいたってシンプル。

他人に使われるのではなく、「自分でやりたいようにやりたい」と思ったからだ。

社名の「笑軍様」は、ばあちゃんの口癖だった「笑う門には福来たる」から取った。

自分の会社はもちろん自由。でもすぐにお金のシビアさを痛感することになる。

1本VTRを作ってギャラいくら、というフリーのディレクターとは感覚がまるで違い、制作会社には、局から番組制作費としてまとめてお金が入ってくる。

それが1000万円だとしても、「1000万円か」と胸が躍るのは最初だけ。

制作会社はその予算から、タレントさんのギャラ、編集費、美術費、技術費、人件費などを支払わないといけない。
出ていく額の大きさと速さにビビった。
妥協せずに面白いものを作っていたら、予算はあっという間に消える。
自分の給料なんて二の次だった。制作会社なんて儲かるものじゃない。
しかも、テレビの制作費はどんどん削られていく一方。
だから俺は面白さを「妥協する」人たちの気持ちが身にしみてよくわかっている。
だからこそ俺は、絶対に妥協はしたくないんだ。

episode 8

深夜のカリスマ

深夜番組をヒットさせる尖った男

俺はあいかわらず尖った企画ばかりやっていた。

たとえば「森のギャング」と呼ばれるアカマタという蛇を、初めてバラエティ番組の現場で使ったのは俺だ。蛇を出して芸人を脅かすだけではなく、「本当に噛まれたとき」の芸人のリアクションが欲しかったからだ。

そこで選んだのが沖縄や奄美大島に生息するアカマタという種。アカマタは毒性こそないが、見た目も派手で大きく、気性が荒い。沖縄ロケで初めてアカマタを出したとき、ガレッジセールのゴリはいきなり鼻を噛まれ、強烈な痛みにのたうちまわった。仕掛けた俺すら衝撃を受けた。

そんな危ない演出ばかりやっている男。

しかし手掛ける番組は、深夜にしては異例の視聴率10%近くを叩き出す。

そんな人間が珍しかったのか、俺のところに『日経エンタテインメント!』『週刊プレイボーイ』『週刊SPA!』……などの雑誌から立て続けに取材が入った。

取材ではよく「わずか30歳で、3本の番組の総合演出を手掛けるなんてすごいですね」などと言われた。

見ているのは男ばっかり、という事実が「尖っている」という印象に輪をかけたようだ。

そして、あるインタビュー記事にはこんな肩書がついた。

「深夜のカリスマ・マッコイ斉藤」

そうか。俺は〝深夜のカリスマ〟なんだ、と思った。


こっちは山形の田舎者だ。

それが有名雑誌に顔写真入りで「カリスマ」扱いされているわけだから、不思議な感じはしたものの、悪い気はしない。

自分自身、ゴールデン番組とは無関係の、アウトローなポジションの人間だと思っていたから、〝深夜のカリスマ〟という響きが心地好かった。

1歳年上のディレクターに大根仁さんがいた。その大根さんがたまたま同時期に「深夜ドラマの番長」と呼ばれていた。

俺は大根さんが撮るドラマが大好きだったから、大根さんと並んで「深夜の鬼才」として注目されるのは単純にうれしかった。

悪そうで、かっこいい。俺にはしっくりくる。

ゴールデンタイムで一般大衆に迎合したりすることなく、深夜でただ俺たちの面白いと思うことを追求してやっている。妥協することなく、自分の名を上げている。


俺は深夜の男だ。

深夜のカリスマだ。

深夜の枠でバラエティをやれば当てられる。


俺は調子に乗った。

「元気が出るテレビ」ディレクター時代と同じだ。

遊びから生まれる企画

経済的な余裕が出てきたこともあり、30代前半もめちゃくちゃ遊んだ。

遊んでいる社会人はバカみたい、かっこ悪い、といった世間の風潮があることも知っている。今となっては業界人ですら、夜は出歩かない。でも「遊ばなきゃダメだ」と信じている俺たちは、どれだけ仕事が忙しくても寝る時間を削ってでも、会議と編集を終えたら街に出る。

六本木、西麻布、恵比寿、中目黒。深夜から朝まで。

俺は酒を飲めないが、芸人さん、タレントさんをアメ車に乗っけて、繁華街を歩いているお姉ちゃんたちを片っ端からナンパして、飲みに連れ出して、その子の家に泊まって、翌朝そのまま仕事に行く。今みたいに携帯電話はないから、連絡先も聞かなかったし、お互いそのまま二度と会わない。

相手が何者かもわからない。あるときナンパしたかわいい女の子の家についていったらそこは超高級マンションで、広いリビングで飲んで騒ぎながら「キミ、お金持ちなんだね」

とか言ったら、その子は笑いながら否定するので、どういうこと？　と思ったら彼氏があっちの筋の人だとわかり、大あわてで解散したこともある。

遊びの前後はよく深夜のファミレスでメシを食いながら、芸人さん、タレントさんと、ネタについて話し合った。血気盛んな芸人さんたちの発想は、やっぱりめちゃくちゃブッ飛んでいた。

なんでこんなに面白いのか。そのとき気づかされたのは、彼らには「実現するかどうか」という前提を完全に取っ払って話せる能力があったということだ。

その考え方を学びつつ、それは武器にもなった。めちゃくちゃで斬新なアイディアの中から、俺はディレクターとしてどうしたら撮れるか、企画が成立するかを冷静に探ることができた。

だから、他のディレクターや放送作家のつねに一歩先を行くことができたのだ。

プライベートで面白いことを考えて、それを会議で発表してみて、みんなが笑えば「じゃあ、それでやっちゃおう」でおしまい。

『極楽とんぼのとび蹴りゴッデス』も『すれすれガレッジセール』も、極端に企画会議の時間が短かったと思う。

放送作家を何人も呼んで、総合演出やプロデューサーが「なにか面白いアイディアありますか?」と、テーブルの上でイチからはじめる会議もある。もちろん俺はそういうやり方を否定するわけではないが、その場の思いつきで本当に面白くなるのか? 疑問だ。少なくとも俺の性には合わない。

俺の場合は次の会議の前に、面白そうな芸人さんと会う。雑談する。遊びに行く。そこで見つけた面白いことを、ただ会議のテーブルの上にぽんと置き、「どうですか?」と商品を見せるように提案する。

それで、その場が盛り上がれば勝ちだろう。

「よく遊び、よく学べ」とはよく言ったものだ。それが一番早く経験値を上げられる。

一流の芸人は誰よりも常識がある

平日夜中の0時を過ぎた時間帯に活動している人は限られている。

深夜番組を見る人たちというのは、ちょっと不良というか、弾けたい気分の人が多いと言えるだろう。

だから番組を制作する側も、ちょっとクレイジーなゾーンに入っていた方がよかった。

とはいえ、ただのクレイジーな人間を見ても、人は絶対に笑えない。

結局は芸人さん、タレントさんの人柄ありきなのである。


たとえば、『極楽とんぼのとび蹴りゴッデス』では「加藤浩次VS山本圭壱～本気喧嘩マッチ」という企画で、3分3ラウンド完全決着のバーリトゥード（なんでもありの総合格闘技）をやった。また『すれすれガレッジセール』では、ヤンキーと本気のケンカになって流血するような展開もあった。誰がどう見たって「クレイジー」だ。一歩間違えば、ドン引きする映像だろう。


それでも笑って見ていられる。なぜなら彼らが「常識人」だからだ。

彼らは人に会ったら挨拶をする。ゴミが落ちていたら拾う。おじいちゃんおばあちゃんには優しくする。小さい子供がいたらいろいろ教えてあげる。

ふだんからそういう常識のある行動を取っている。それも人並み以上に。そういう人柄が、言動一つひとつにどうしてもにじみ出る。

だから見ていて「面白い」んだ。

特にツッコミ側の芸人さんは常識力が高い。

遅刻をしたり、初対面からタメ口を叩いたり、店員さんに横柄な態度を取ったりするようなことはなく、反対に、日常の中で見かける非常識な態度や迷惑な行為に「気づく」力がある。その気づきを笑いのフィルターに通すことで、「新しい面白さ」を生み出すことができる。

一方で「俺たちクレイジーだろ！」とばかりにただ非常識なことをやっている人間は、一時は注目されることがあったとしても、短命になる。

その法則は、画面に映る演者さん以外にも当てはまった。スタッフだって、テロップに選ぶ言葉ひとつ、編集の仕方、番組の雰囲気に、その人の「常識の有無」がにじみ出た。見ている人はその微妙な匂いを嗅ぎ取り、無意識のうちに評価をくだしている。

大事なことは、常識をよく理解した上での非常識だということ。

このコントラストが強ければ強いほど面白いものになる。

お葬式のコントで繰り広げられる芸人の暴走を見て笑いが止まらないのは、そこが最も常識を守るべき場所だ、と誰もが理解しているからだ。

この世界は大御所ほど、長く活躍している人ほど、礼儀に厳しいとも言える。

その事実に最初に気づかせてくれたのは、ビートたけしさんだった。

たけしさんは俺を含め、すべてのスタッフに対して敬語を使い、腰が低くて、丁寧だった。それは一種のバリアの意味もあるかもしれないが、かっこよかった。自分のマネージャーやスタッフの態度にまで気を配っていた（たけしさん、勝手にお名前を出してすみません！）。

一流の人は誰よりも常識がある。だからこそ非常識なものを生み出せるのだと思う。

episode――9

大波小波

人はそれぞれ咲く時期が違う

30代前半は怖いものなしだった。
調子に乗っていた。
でも、IVSを辞めた25歳のときとは違う。
客観的に自分を見て、こう思っていた。

調子に乗ってなにが悪い。
せっかくきている波を遠慮していたら、気持ちよくサーフィンできないだろう。
乗れるときに乗らないと、波なんて一生乗れないだろう。

業界の先輩たちから「斉藤のやろう、最近調子に乗ってんな」と言われているのは知っていた。

だから仕事先で先輩たちに、妙なからまれ方をするたび、「妬みか」とわかっていた。

スーパーハウスに住んでいた頃とは違う。

いいクルマに乗って、いい女と遊んで、いい服を着て、いい家に住んでいた。

でも、それでおまえらに迷惑かけたか？　と思っていた。


妬むってなんだ。

仲間や隣人や知り合いがうまいことやって、どんどん売れて、有名になって、お金持ちになって、その成功を妬む？

それって、超ダサいだろう。

俺だったら、手放しで「すげぇな」「やったな」「かっこいいな」と応援する。

なぜなら、人はそれぞれ成功する場所とタイミングが違うから。

これは俺のばあちゃんが昔くれた本に書いてあったことだ。

人はそれぞれ咲く時期が違う。

桜は春、あじさいは梅雨の時期、ひまわりは夏、コスモスは秋、シクラメンは冬。

それぞれ咲く時期が違うんだから、満開になった人をうらやんでも仕方ない。

自分は春に咲かず、夏の終わりに芽吹いて、秋に咲く人間かもしれないだろう。

だったら今、目の前で咲いている花を楽しんで、思いっきり応援してあげようぜって。

そのとおりだと思う。

人はよく他人と自分を比較して、焦る。

俺も20代から30代にかけて、同級生が社長になったり、結婚したり、家を買ったり、本を出したり、タレントとして売れてきたりして、俺はつくづくダメだなと落ち込んだこともある。

だけど、キラキラしているヤツほど目に付くだけだ。

誰の人生にだって「乗るべき波」がやってくるときがある。

人はそれぞれ咲く時期が違う。

俺が咲くのは来年、再来年、もうちょい先かも。

あいつとは違う場所で咲けばいいだけ。そう思ったら、強くなることができた。

人一倍やればいいだけ

妬むヤツは、ただただダサい。

とは思うものの、俺の足を引っ張ろうとする「テレビ局員たち」の気持ちがわからないでもなかった。

俺が何者でもないただの田舎のヤンチャ小僧だった頃も、彼らは進学塾に通ってしこしこ勉強して、一流大学に入って、一流企業であるテレビ局に就職して、「努力して」「選ばれて」今ここにいるわけだ。

大手のスポンサーや人気のタレントさんと一緒に仕事ができるのは特別な人間、という自負も心のどこかにあるんじゃないか。

それなのに、俺みたいな農業高校出の、運良く入った制作会社も、素行不良でクビ同然で辞めたくせに、なぜか勢いだけで総合演出をやっていて、なんだか偉そうにメディアの取材を受けている、ゴミみたいな、ネズミみたいな、野良犬みたいな男に仕事を奪われるのは許せないんだろう。

マッコイ斉藤の考えた企画は面白い。

マッコイ斉藤の作った番組の方が数字もいい。

局内でそういう話が出たら、面白くないのもよくわかる。


でも、足を引っ張っても意味がないね。

俺はスタートの地点から、思いっきり負けてたんだ。そんな俺ら野良犬勢に負けたのが悔しくて、もう一度勝ちたいんだったら、エリートはエリートとして、その花形の立場をフルに使って、人一倍やればいいだけなんだよ。

俺らみたいななんの安定もないフリーは、元々人一倍編集しなくちゃいけないし、人一倍勉強しなきゃいけない。だから、お互い様なんだ。

でも俺たちも絶対に負けない。

局員が1本編集しているんだったら、こっちは2本。

局員が6時間寝ているんだったら、こっちは3時間。

局員より圧倒的にロケをやる。局員なんかとは比べものにならないくらい遊ぶ。そして局員ならやらないような危ないことを徹底してやる。

きっと、ブラックだと言われるだろう。でも20代、30代のどこかの時期で、無茶をしなきゃ絶対にエリートには勝てなかった。

だって、彼らはもっと前、一番バカをやって遊びたい時期に、机に向かって一生懸命勉強していたわけだから。

おまえなんてまだ二流

とにかく俺は調子に乗っていた。

乗れるときに乗らないと一生、波に乗れないと思っていたから。

でも調子に乗っている俺に、「その波はまだ小さいんじゃねぇか」と指摘する仲間がいた。極楽とんぼの加藤浩次だった。

今でも忘れない。二人でメシを食った帰り道。国道246号をクルマで走り、ちょうど渋谷に差し掛かったあたり。俺がゴールデンのバラエティ番組の演出について難癖をつけていたときのことだった。

「誠、いい気になりすぎだぞ」と加藤は言った。

「おまえさ、〝深夜のカリスマ〟とか言われて、調子に乗っていたらダメだよ。ディレクターは、ゴールデン番組をやってなんぼだよ。ゴールデンで総合演出として結果を出して、初めて一流なんだよ。おまえなんてまだ二流なんだよ」

「知るかよ」突然そんなことを言われた俺は頭にきて言い返した。

「だって俺なんかには深夜番組の仕事しかこねぇし。深夜のカリスマだっていいだろう。深夜番組には深夜番組の面白さがあるんだから。深夜だろうが、総合演出は総合演出じゃん」

加藤は「いや、違う」と言ってゆずらない。

あいつはもう忘れていると思うが、俺ははっきり覚えている。

「やっぱりディレクターはゴールデンの総合演出をやって、成功させなきゃ一流じゃねぇんだよ。おまえも飛鳥さんみたいに、ちゃんとゴールデンで当てなきゃダメなんだよ」

そう言って加藤は『めちゃ×2イケてるッ!』の総監督だった片岡飛鳥さんの話をしはじめた。

俺は黙っていた。ゴールデンの大ヒット番組の総監督と深夜のカリスマのどっちが上か。説明されなくても、そんなことはわかっていた。でも、うるせぇな、俺は俺だからと突っ張った。俺には俺の美学があるんだ。深夜のかっこよさ、面白さがあるんだ。

その日から加藤と仲が悪くなった。

「〝深夜のカリスマ〟とか言われて調子に乗っているヤツなんかに、ゴールデンのバラエティ番組の演出があぁだこうだって文句を言える資格はねぇんだよ。そのレベルにも達してねぇんだから」

マッコイ斉藤
ORIGINAL
VANS
OFF THE WALL

Words

他人の倍やる。

どうすればもっとコスパよく働けますか。

どうすればもっと早く結果を出せますか。

そんなのは知ったことじゃない。

仕事で負けたくなかったら、人より多く行動するしかないでしょう。

俺はずっとテレビの局員とやり合ってきました。

向こうは一流大学を出て、一流企業に入ったエリート。

こっちは田舎の高卒で、勢いだけでここまで来たゴミみたいな、ネズミみたいな、野良犬みたいな連中です。

なにができるかって？　それはただ一つ、「他人の倍やる」しかないです。

俺たちの仕事で言うなら、人一倍編集の数をこなして、人一倍面白くするしかない
うちの会社のスタッフにも言っています。局員に勝ちたいんだったら、局員の倍は編集しろと。

局員が1本編集していたら、おまえは2本。局員が4時間寝てるんだったらおまえは2時間。そうしなきゃ絶対に勝てないからと。

当たり前でしょう。手に入れようと思っているのは、でっかいものなんですから。誰でも簡単に手に入るようなものを、わざわざ手に入れたってしょうがないでしょう。

だから俺だっていまだに、局員が真似できないほど寝ないし、編集するし、ロケをやるし、遊ぶし、ケンカするし、怒られてもいます。

そしていまだに、生活が安定しない不安感と、東京に対する劣等感を拭えません。

だけどこの焦りの気持ちがある限り、絶対に負ける気はしないんです。

野良犬も死ぬ気になれば仕事を奪える。

Words

誘って、おごる。

お金は度量。大事なものではあるけれど、大事に持っててもなんにもなりません。特にお小遣いなんて、ケチケチ自分のために残しておいて、明日死んだらどうするの。どんどん人と遊びましょう。

そして自分が目上の人間だったら、遊びに誘って、ご飯くらいはおごりましょう。人におごるのが嫌？　ありえない。自分が目上でいばっているのに、かわいい目下におごれないなんて最悪です。

金払いには品性が出るもので、どれだけ育ちが良かったとしても、自分のためにしかお金を使えないヤツは下品だと言えます。

年上だったらおごる。年下だったらおごってもらう。同級生だったら割り勘。これが普通です。

他人におごると、どんなプラスがあるか？　プラスになることなんてひとつもないですよ。

お返しありき、なんて楽しくない。

プラスにならないからこそ、おごる価値があるんじゃないですか。

ただかっこよく、気持ちよく、いいよいいよって、ドンと払ってやりましょう。

「品の良し悪し」は金払いに出る。

Words

嘘の欲求を許さない。

相手のことを思うなら、強く言ってやらなければいけない場面があります。

たとえばそれは「自分のやりたいことに嘘をついている」と感じたとき。

仕事をする動機の根っこには、「お金が欲しい」「女にモテたい」「みんなに尊敬されたい」などのシンプルな欲求があるものです。

芸人とかミュージシャンは特にそうです。いや、どんな職業の人にだって多かれ少なかれ当てはまるでしょう。はじめからその気持ちがなかった、といったら嘘だと思う。もしも、そういう気持ちがまったくなかったとしたら仕事をがんばり切れないんじゃないですか。

俺はそう思っているからこそ、ある日突然仲間が「人々を感動させたい」「世界平和につなげたい」みたいな立派な夢を語り出したら、「かっこつけるな」と腹を立てます。

欲求というものは、シンプルなものでいい。

複雑なのは、その欲求を叶えるプロセスの方です。

そのプロセスの中で、人としてどう生きるべきか、どうすればかっこ悪くない振る舞いができるか、いろんな壁が現れ、成長を求められます。

その壁と正面から向き合えるなら、人は夢をごまかしたりはしません。


欲求を見失ったら、人はまっすぐに進めない。

Words

自分の劣等感を認める。

お金がすべてじゃない。別に立派になれなくてもいい。

いい家とか、いい食事とか、いい旅行とか、そんなのどうでもいい。

本心でそう思っているならいいです。

でもそういう言葉の大半は、嘘だと俺は思ってます。

「欲しいけど、手に入れられない」という嫉妬から生まれた、弱者の言い訳じゃないでしょうか。

お金なんて「どうでもいい」はずがない。

お金持ちは性格が悪いとか、お金持ちの家庭に限って問題が多いとか、そんなことも現実的にありえない。

サンクチュアリ出版＝本を読まない人のための出版社

はじめまして。サンクチュアリ出版・広報部の岩田梨恵子と申します。この度は数ある本の中から、私たちの本をお手に取ってくださり、ありがとうございます。…って言われても「本を読まない人のための出版社って何ソレ??」と思った方もいらっしゃいますよね。なので、今から少しだけ自己紹介させてください。

ふつう、本を買う時に、出版社の名前を見て決めることってありませんよね。でも、私たちは、「サンクチュアリ出版の本だから買いたい」と思ってもらえるような本を作りたいと思っています。そのために"1冊1冊丁寧に作って、丁寧に届ける"をモットーに1冊の本を半年から1年ほどかけて作り、少しでもみなさまの目に触れるように工夫を重ねています。

そうして出来上がった本には、著者さんだけではなく、編集者や営業マン、デザイナーさん、カメラマンさん、イラストレーターさん、書店さんなどいろんな人たちの思いが込められています。そしてその思いが、時に「人生を変えてしまうほどのすごい衝撃」を読む人に与えることがあります。

だから、ふだんはあまり本を読まない人にも、読む楽しさを忘れちゃった人たちにも、もう1度「やっぱり本っていいよね」って思い出してもらいたい。誰かにとっての「宝物」になるような本を、これからも作り続けていきたいなって思っています。

sanctuary books

サンクチュアリ出版の主な書籍

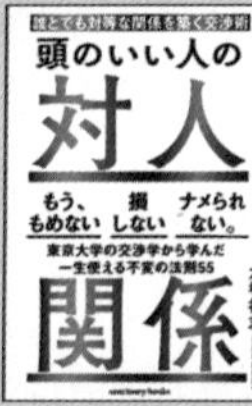

頭のいい人の対人関係
誰とでも対等な
関係を築く交渉術

東大生が日本を
100人の島に例えたら
面白いほど経済がわかった!

なぜか感じがいい人の
かわいい言い方

貯金すらまともにできていま
せんが　この先ずっとお金に
困らない方法を教えてください!

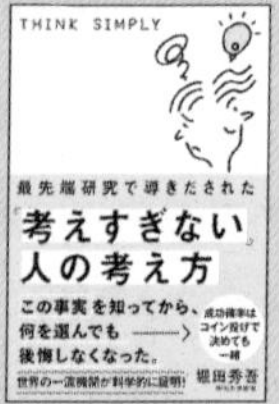

考えすぎない人
の考え方

相手もよろこぶ 私もうれしい
オトナ女子の気くばり帳

ぜったいに
おしちゃダメ?

カメラはじめます!

学びを結果に変える
アウトプット大全

多分そいつ、
今ごろパフェとか
食ってるよ。

お金のこと何もわからないまま
フリーランスになっちゃいましたが
税金で損しない方法を教えてください!

カレンの台所

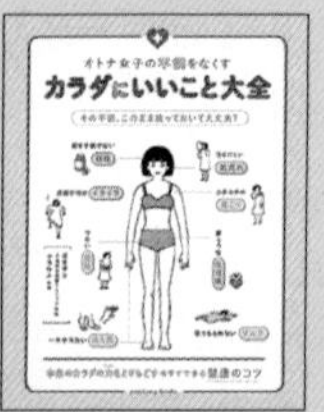

オトナ女子の不調をなくす
カラダにいいこと大全

図解 ワイン一年生

覚悟の磨き方
〜超訳 吉田松陰〜

クラブS
会員さまのお声

読みやすい本ばかりで
どの本も面白いです。

会費に対して、
とてもお得感が
あります。

電子書籍読み放題と、新刊以外
にも交換できるのがいいです。

サイン本もあり、
本を普通に購入
するよりお得です。

来たり来なかったりで気長に
付き合う感じが私にはちょうど
よいです。ポストに本が入って
いるとワクワクします。

自分では買わないであろう本を読ん
で新たな発見に出会えました。

オンラインセミ
ナーに参加して、
新しい良い習慣
が増えました。

何が届くかわからないわくわく感。
まだハズレがない。

本も期待通り面
白く、興味深いも
のと出会えるし、
本が届かなくて
も、クラブS通信
を読んでいると
楽しい気分にな
ります。

読書がより好きになりました。普段購
入しないジャンルの書籍でも届いて
読むことで興味の幅が広がりました。

自分の心を切り開く本に出会いまし
た。悩みの種が尽きなかったのに、
そうだったのか!!!ってほとんど悩
みの種はなくなりました。

実際はお金を持ってない人よりも、裕福な人と結婚した方が、よっぽど幸せを感じられるでしょう。より贅沢ができるし、余計な経済的不安も感じなくて済みます。

ないより、あった方がいい。弱いより、強い方がいい。できないより、できた方がいい。

そういうシンプルな思考で生きていると、俺たちは自分の人生にもっと期待できる。

自分の心が本当に求めているものを認める。

Words

毒のある人間と付き合う。

能力のある人間と出会うにはどうしたらいいか。

なかなか出会えません。本当に能力のある人間は、実際「人見知り」である場合が多いからです。

そんなに簡単に人を認めない。心の中でつねに中指を立てている。どこかに毒を持っている。接しにくいし、打ち解けにくい。

しかし一度信頼を得ることができれば、すばらしい才能を発揮し、力を貸してくれる人たちです。

おぎやはぎの小木さん、大久保佳代子さん、森三中の全員……そんな人物は数え切れない。全員、売れてないときから人を寄せ付けない空気があったし、なかなか俺にも心を開いて一方で社交性の高い人間が、期待を超えることはあまりない。
よくしゃべるヤツはそこそこです。
そういうヤツの力を引き出したかったら、本気で怒らせてやればいい。
呆然としてなにも言えなくなる瞬間から、少し面白いヤツになるかもしれない。

力がある人間は、付き合う相手を見極める。

Words

遊びと仕事を分けない。

遊ぶことは仕事と同じ。

自分を楽しませられないヤツに、他人を楽しませることなんてできません。

「仕事とプライベートは分けるべきだ」というヤツもいますが、そんな決めごとをしてなにが楽しいんだ? 分けねえよ、こっちは。分ける必要なんてないです。

俺はバイク好きの仲間とバイク番組をはじめたし、ゴルフに挑戦してみたいという大久保佳代子さんとゴルフ番組をはじめました。

遊びで得た知識や経験が、そのまま仕事になることもあるし、仕事の重要なヒントになることもあります。

遊びなんかが仕事のヒントになるわけがない。そんなのはテレビの世界だけだろう。

そう言っている人間は、おそらく「遊び」がまったく足りてないんだと思います。
どんな職種であれ、本気で遊んだ経験は必ずいい仕事につながりますよ。
断言できます。
叱られたっていいじゃないですか。バカみたいに遊べ。アホになろう。

——**無理して仕事するくらいなら、無理して遊んだ方がよっぽどいい。**

Words

シンプルに、言いたいことを言う。

友達と呼べる人間なんて多くなくていいんです。
3、4人いれば十分でしょう。それ以外はただの知り合いですから。
関係が近くなったとしても、いつ切れるかわからないものです。

だから相手に言いたいことを言って嫌われるなら仕方ないし、言いたくないことを言って好かれても仕方ないと思っています。

俺は「おまえの顔は嫌いだ」とか「冗談じゃないよおまえは」とか「おまえの話はつまんないな」とか平気で言いたいことを言います。

俺の口から出てくる言葉は、相手の機嫌を損ねたくなかったら、言わないようなことばかりです。

だけどお互いに好き勝手言い合って、本気でケンカをしたり、悔しがったり、泥水を飲んだり、そんな経験をしてこそ、心が通い合うことがあります。
本当にいい仕事って、言いたいことを言い合える関係、仕事が終わって何年経っても気持ちよく会えるような仲間とじゃないと、できないんじゃないですか。

――そこにリスペクトがあれば、どんな悪口でも言える。

Words

調子が良いときほど、冷静になる。

結果が出れば、自信もつく。

自信がつけば、発言力も強くなってくる。

若手芸人の中にも、売れはじめると急に変わる人間がいます。

オビ番組の収録中に、現場のスタッフに「もっとこうせなあかん」と指図したり、わざと苛ついて現場に緊張感を出したりするんです。

そういう態度こそが、カリスマになるために必要な「威厳」だと思っているのでしょう。

周囲から「かっこ悪い」と思われているとも知らずに。

仕事で成果を出せるようになってくると、自分の能力が低く見積もられていると思いがちです。

誰にだって調子の浮き沈みはあり、良いときと悪いときがあります。

今はいくらうまくいってても、いつまでも凛とした、屈強な人間でいられるはずはありません。

だから調子が良いときほど、周囲に感謝しつつ、静かに過ごしたいものです。


売れたときの態度に人間性が現れる。

Words

根拠のない自信でやっていく。

想像してみてほしい。俺が生まれ育ったのは、山形にあるごく普通の田舎の村です。そんな場所で、なんの知識もコネもない人間が「東京のテレビ局で仕事したい」と言えば、「バカかおまえは」「入れるわけねえだろ」と笑われて当然でしょう。心優しい人ほど、俺のことを心配して「地元のガソリンスタンドで働きなさい」「知り合いの食堂でコック修業してみたら」などとすすめてくれたものです。でも、俺はあらゆる助言を無視しました。どうしても一回、テレビの世界をのぞいてみたいという衝動をおさえきれなかったから。

もちろん衝動で突っ走った人間が、全員成功できるわけじゃない。

しかし衝動で突っ走った人間の中からしか、成功する人間は現れないとも思います。

20歳のとき、俺は極楽とんぼの加藤とおぎやはぎの矢作と仲良くなりました。

加藤に当時、見せてもらった給与明細は月給数千円。貿易会社に勤めていた矢作は「芸人になりたいけど、どうすればなれるのかわからない」とぼやいてました。

そんな二人がまさかここまで有名になるとは、周囲の人間は夢にも思わなかったでしょう。

でも、「俺たちはいける」という根拠のない自信があった。

そして「勝つまでやろう」という覚悟があった。

日の目を見ず苦しい時期が続きました。このうちの誰かが離脱していたら、もしかすると全員離脱していたかもしれない。でも俺たちの誰も離脱しませんでした。

するとある日突然、なにか不思議な力が働くものです。

本当に「なにか」としか表現しようがない、神様かご先祖様のような存在が、俺たちを一気に引き上げてくれた気がしました。


覚悟を決めると、結果は勝手についてくる。

Words

緊張は自分で殺す。

重要な仕事には、緊張がつきものです。

特に偉い人と会うときは、誰でも緊張するでしょう。

俺もそうでした。昔は甘いものを食べて心を落ち着かせたものです。

でも今はそんなことはしません。

相手も同じ人間だし、俺も「どうせ自分以上のことはできないから」と思えるようになったからです。ごく一部ですが、番宣でバラエティ番組に出演する俳優の中には、妙に苛ついてみせて、周りを緊張させる人がいました。出たくもない番組に出ている、という態度なのは明らかです。

昔は気を使った。でも今は気を使わない。テレビに出たくても出られない人だって大勢いるんだから、そんなに嫌なら来るなよと思います。

だからごく普通に接するし、それで相手の機嫌を損ねても、俺のせいじゃない。

こちらに嘘やごまかしがないなら、堂々としていればいい。急にあわてたところで、どうせふだんの自分以上の人間にはなれませんから。そうやって開き直ると、余計な緊張感に巻き込まれなくて済みます。

ちなみに緊張が止まらないときはまず挨拶、それから雑談。

あとは屋内よりも、外に出るといいです。俺の経験上、スタジオよりもロケの方が緊張しません。


緊張とは自分で作り出した幻。

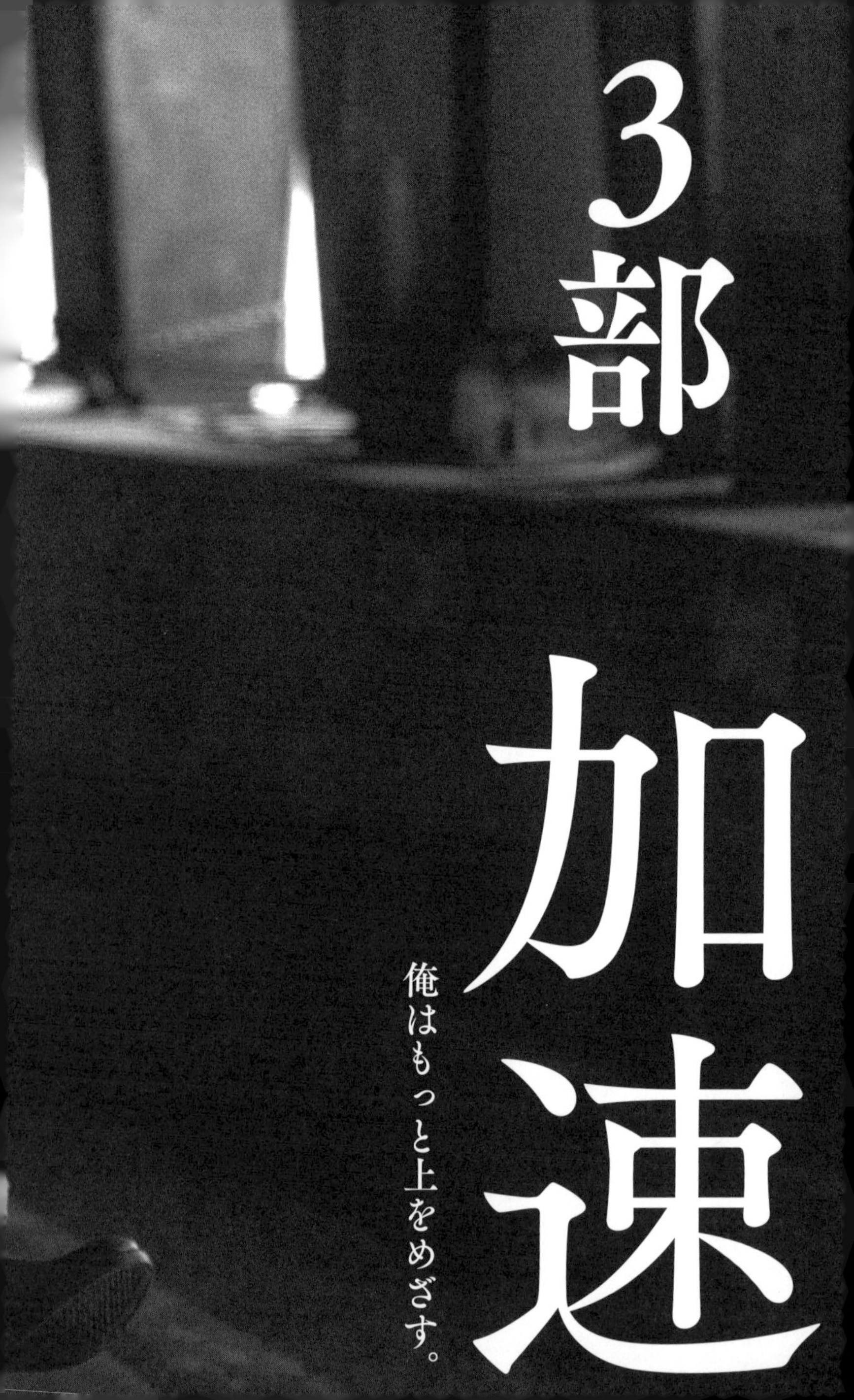

3部 加速

俺はもっと上をめざす。

MIDWAY

3部――加速

仕事をクビ同然で辞めて、
お金もない、あてもない毎日だったが、
仲間の加藤浩次と矢作兼とマー坊に勇気づけられた。

そのうちの
『めちゃ×2イケてるッ！』で突然売れはじめた
加藤浩次に引っ張られるようにして、
俺はふたたびテレビの世界へ。

面白さを妥協しない、
俺たちの作る深夜番組は次々と当たり、
つけられた異名が〝深夜のカリスマ〟。
メディアからも立て続けに取材がきて、

俺はまた調子に乗りはじめていた。

するとあるとき加藤浩次から言われた。

「深夜で満足してたらダメだよ」

「ゴールデンで成功して初めて一流だよ」

その言葉を俺は素直に受け入れられずにいた。

だが、コントロールのきかない俺の人生は、

俺の都合などおかまいなしに、

もはや勝手に動き出そうとしていた。

episode 10

萎縮

思いもよらぬビッグすぎる出会い

運命の扉が開いたのは、本当に突然だった。

ある日のことだ。おぎやはぎの矢作、ネプチューンのホリケン（堀内健）と世田谷区の三宿でお好み焼きを食べ、店を出るところでホリケンの携帯に電話がかかってきた。

着信に表示された名前がたまたま目に入る。

思わず「ウソ？」と声が出た。

「わ、石橋さんだ」とホリケンも驚いていたが、俺と矢作は大騒ぎだった。

だって、電話の相手はとんねるずの石橋貴明さんだったのだ。

「すげぇ。やっぱゴールデン出てる売れっ子は違うなあ」と矢作。「タカさんから電話がくるのかよ」と俺。

ひそひそ話をしていたら、ホリケンが「ご飯に誘われた」と言う。

ホリケンはテレビ出演時だけでなくふだんも、あの飄々とした感じは変わらない。「いやあ、でも今、友達とメシ食っているんで」と返している。しかし直後、ホリケンは俺たちを見て「友達も連れてきなよって。行く?」と聞いてきた。


想像してみてほしい。

この場面で「はい、行きます」と答えられるだろうか。

俺には無理だった。

だってトップスターだから。とんねるずは、お笑い界の憧れの人だった。

俺の中では、ビートたけし、イチロー、長嶋茂雄、松井秀喜、石橋貴明という並び。

そんな人と一緒に食事なんて、緊張のあまりぶっ倒れてしまうだろう。

俺は「行かない行かない」と断り、まだ全然売れていなかった矢作も遠慮した。そのかわり、待ち合わせをしている六本木の店まで、ホリケンをクルマで送ってあげることに。

無言のままでクルマを走らせ、店の前に着きホリケンを降ろそうとした。

そのときだ。道路に「あのタカさん」が立っていたのは。

そしてクルマを停めた瞬間、いきなり助手席に乗り込んできた。

「もう店、閉まっちゃったからよ。いられなくなっちゃって。ごちそうするから、みんなで飲みに行こうよ」


俺は固まった。

だって、あの石橋貴明さんが俺の隣に座っているのだ。

頭が真っ白になった。

まとっているオーラが違う。

俺だってディレクターをやってきて、数え切れないほどの芸人やタレントに会っているが、まるで別格だった。タカさんからは「芸能人オーラ」がバリッバリに出ていた。

「なんなんだこの存在感は」と畏怖の念を抱いた。

タカさんが口を開いた。「あ、みんなホリケンの友達？」

「はい。こっちが矢作です」

「人力舎の矢作兼です」

「芸人なんだー」

「で、そっちがマッコイです」

「マッコイ？　キミも芸人？」

「いえ、違います」俺の背筋が伸びた。

「極楽とんぼの『とび蹴りゴッデス』とか、ガレッジセールの『すれすれガレッジセール』のディレクターをやらせてもらってます」

「へえ。ディレクターなのに、マッコイっていうの。面白いね」

これがタカさんとの最初の会話だった。

今でも鮮明に覚えているし、思い出すだけでいまだに緊張感がよみがえってくる。まさに俺の人生を大きく変えた出会いの瞬間だった。

うっかり口からこぼれ出た本音

ホリケンに同席する俺と矢作。

若干和んだ飲みの場で、「マッコイはどう思う？」とタカさんが突然俺に話を振ってきた。

「今の『みなさんのおかげでした』を見てさ、どう思う？」

俺は『夕やけニャンニャン』の頃からとんねるずのお二人を見ていた。そして『とんねるずのみなさんのおかげです』も「でした」も大好きだった。

俺は酒を飲めない。でも緊張がゆるんでいたのかもしれない。俺にも尖っている部分があるということを、大先輩に知ってほしかったのかもしれない。いずれにしても無謀すぎた。

「最近『食わず嫌い選手権』ばっかりで面白くないですね」

と思わず口走ってしまったのだ。


正直な気持ちではあったが、言った直後に「あ、やべ」と思い、ホリケンはテーブルの下で俺の足を蹴っ飛ばした。

タカさんは黙り込んだ。

すぐに「なんだてめぇ、生意気言いやがって」と怒鳴られることを、俺は覚悟した。それくらいで済むならマシか、どれくらい怒られるんだろうか。

全身に力が入った俺に、タカさんはさらっと言った。

「だよな。俺もそう思うんだよ」

それから淡々とお開きとなった。


クルマで送っていく途中、もう二度とお会いすることもないんだろうな、と残念なような、ほっとしたような複雑な気持ちでハンドルを握っていると、急に「あのさ」とタカさんから声をかけられた。

「おまえ、来週収録見に来い。『みなさんのおかげでした』やれよ」

「え？」どういう意味かわからない。

でもすぐに、これはきつめの冗談だと理解して、「いや、大丈夫です」と言った。

「あんな歴史と伝統のある番組、俺みたいな田舎者がやる番組じゃないですから。勘弁してください」ってヘラヘラ頭を下げた。するとタカさんは大きめの声を出した。

「いいからやれよ！」

勘弁してくれないのか。困った。すぐさま後ろの席にいたホリケンも、いつもの調子で「いいじゃゃん、マッコイさぁん、もうそういうのチャンスだからさ、もう行っちゃえばいいんだよ。絶対やった方がいいよぉ」と背中を押してくる。

「勘弁してください」「いいから来いって」さっきのくり返し。

タカさんの自宅に着いたときも、「じゃあ、おまえ来週な」と釘を刺された。こうして1週間後、俺は本当に行くことになった。

ゴールデンの中のゴールデン。超人気番組『とんねるずのみなさんのおかげでした』の収録現場へと。

episode 11 ゴールデンの壁

今日からこいつチーフにすっから

天下の石橋貴明さんに誘われたら行くしかない。

俺は、指定された日に「みなさんのおかげでした」の収録スタジオを訪れた。

タカさんから「10個くらいやりたい企画を考えてきて」と言われていたので、アイディアを書きつけたA4のコピー用紙を2、3枚、ただのメモ書きというか、とても企画書と言えるような代物ではないものを手に持っていた。

収録現場には知り合いが一人もいない。現場にいたスタッフたちは、「こいつ、誰?」という顔でこちらを窺っている。

タカさんは俺から「メモ書き」を受け取ると、3分とかけずに目を通し、「おい、みんな。

こっち来い」と言った。

「今日からこいつ、うちの石橋班のチーフにすっから、よろしく」

え？

タカさんは俺を見ず「こいつと1本いくらかでちゃんと契約してやってね、よろしく」と言って、控え室に戻っていった。

え？　まさか俺、ディレクターとして関わるの？

本当にそれだけのやりとりだったが、このやりとりがなければ、山形の農業高校出のバカが、フジテレビのゴールデンタイムの伝統と歴史のある『とんねるずのみなさんのおかげでした』のディレクターとなり、その後、総合演出にまでのし上がることはなかっただろう。

まさにバラエティ界の天下人に、俺の人生を変えてもらった瞬間だった。

ご縁と運とは不思議なもの。タカさんとホリケンには感謝しかない。「深夜のカリスマくらいで調子に乗るな」と言っていた加藤浩次に対しても、ムカつくどころか感謝の気持ちが湧いた。

想像を超えたチャンスを前にすると、人は少し大人になれるようだ。

完全アウェイ、1対20の会議

しかし忘れもしない。見学だと思って訪れた収録現場でいきなりプロデューサーに紹介され、タカさんが控え室に戻ってしまった後の気まずさを。

向こうは俺のことをよく知らないし、俺も向こうがどういう人たちかまったく知らない。ただ、そもそもテレビ業界の中で「マッコイ斉藤」の印象が悪いことは自覚していた。プロデューサーの言うことを聞かず、好き勝手に攻めた演出をする男、という印象だろう。

警戒する空気だけがひしひしと伝わってくる中、ただひと言「とりあえず毎週月曜日の14時からの会議に参加して」とだけ言われ、「わかりました」とその場を離れることができたが、内心ディレクターとしてこのチームに加わることに不安が残った。

そして月曜日になり会議に出ると、そこにはディレクターが俺以外に8人、さらに作家、プロデューサー、チーフADなど合わせて20人のスタッフから、容赦なくこちらに鋭い視線が飛んできた。

予想通り完全にアウェイだった。

俺を除いた8人のディレクターたちは、局員もいれば、フリーもいれば、制作会社の社員も、総合演出を兼ねたスタッフもいるが、全員『とんねるずのみなさんのおかげです』のADから上がってきたような人たちだろう。

番組に強い愛着を持ちつつ、ここで出世してやる、という意欲に満ちている。そんな聖域にいきなり首を突っ込んできた俺に対して、敵意を持たないはずはない。

俺からすれば、多勢に無勢。1人対20人の戦いだった。

特に他のディレクターからは完全に無視された。

一貫して「おまえなんか知らねぇ」という態度だった。これがどれだけ苦痛だったか。

会議で話を振られることも、意見を求められることもなく、一切しゃべらせてもらえない時間が続いていくのだから。

帰りがけに挨拶してくれるのは、放送作家とADくらいだった。

なんだよこれ？　イジメかよ。燃えてくるじゃねぇか。

なんで俺なんかを、番組に加えてくれたんだろう。

その理由について、タカさんに直接聞くことはできなかった。

どういう期待があったのか、だからいまだに俺は知らない。

どうせ下品な不良モノしか撮れないんだろう？

ほとんどイジメのような会議が半年間も続いた。

なんで一緒にテレビを作っているのに無視すんだってムカついていた。

俺が普通の会社員だったらとっくに辞めていただろう。

でもこっちにも意地があった。萎縮させられたが、怖さもつらさもなかった。

そもそも俺は高校時代からずっとヤンチャなヤツばかり見てきていたから、そいつらに比べたらおまえらなんてハナクソだと思って座っていた。

ただ、タカさんに期待をかけてもらったのに、「1本も企画をカタチにできていない」という焦りだけが膨らんでいた。

なにも撮れず、時間ばかり経過するのは苦しかった。

そんな俺の様子を、意地悪な目で見ていたのだろう。ある日、会議の場で8人のディレクターのうちの1人が「おまえなんか面白いの撮れねぇの？」と言ってきた。

「ほら、暴走族とか使って、なんかやりゃいいじゃん。そういうの、得意なんでしょ。撮れねぇんだったら、そういう得意なやつ出しゃいいじゃん」

これが会議で交わされた、初めての会話らしい会話だった。

でもその言葉の響きには、優しさの欠片もなかった。

どうせ、おまえなんて、そういう下品な不良モノしか撮れないんだろう？　ここは「ゴールデン」なんだよ。おまえは完全に場違いなんだよ。

そう言われている気がした俺はカチンときて「あ？　なんだおまえ」と立ち上がった。

向こうも「はぁ？　なに？」と立ち上がった。

会議のテーブルでにらみ合った。

いい大人になってからも、こう思っている自分がどこかにいる。

揉めたら最終的にはケンカで白黒つけりゃいいじゃんと。

蹴って、殴って、倒れて、どっちかがギブアップして、それで決まりでいいじゃんと。

だからこのときも、そっちがケンカ売ってきてんだろう？　だったらやってやるよ、と思った。

でも結局のところ、ディレクターは面白い企画を成立させられなけりゃ、そもそもこの場にいる意味がない。

虚勢を張っているだけじゃダメなんだ。

俺は握った拳をゆるめた。

弱気になっている場合じゃねえだろう

以前、加藤浩次から指摘された言葉が身にしみた。

「〝深夜のカリスマ〟とか言われて調子に乗っているヤツなんかに、ゴールデンのバラエティ番組の演出がああだこうだって文句を言える資格はねぇんだよ。そのレベルにも達してねぇんだから」

ゴールデンは違う。全然違う。

セットの豪華さも出演タレントの顔ぶれもなにもかも違う。予算の規模は、俺がやっていた深夜番組の20倍くらいあった。スケールの大きさを見せつけられて、実は弱気になっていた。

草サッカーで目立っていた人間が、プレミアリーグの試合に出るようなもんだ。

試合展開についていけず、ただキョロキョロするしかない。

その間、恩人ともほとんど会話がなかった。

「チャンスをやったんだから、活かすかどうかはおまえ次第だろう」

背中でそう言われている気がした。

スタッフは誰も、俺に力を貸してくれない。

スタッフは誰も、俺のアイディアに「いい」とも「面白い」とも言ってくれない。

俺、一人でやれるのか？　一人じゃさすがに厳しいか。

ふと思った。

ここで結果を出せたら、俺は加藤の言う一流ってヤツになれるのかな。

弱気になっている場合じゃねぇだろう。

一人でやるしかねぇんだよ。

俺は気持ちを奮い立たせ、どうにか会議で1本の企画を通した。

最初にやることになった企画は、特殊メイクをした犯人が一体誰なのか？　とんねるずの二人が当てるというものだった。

アンソニー・ホプキンスが猟奇殺人鬼を演じた『ハンニバル』という映画のパロディだ。犯人役は極楽とんぼの山本圭壱だった。

企画が通っても、8人のディレクターは誰も手伝おうとはしてくれない。

だからすべて俺だ。タレントの出演交渉からはじまり、小道具のリサーチ、機材チェック、お弁当の手配、スタッフとの打ち合わせまで、すべて自分一人でやるしかなかった。
そしてなんとか、完成するにはした。誰かのサポートがあれば……と思わないでもなかったが、企画はそこそこといった出来だった。俺にケンカを売ってきたディレクターたちを見返せるレベルには及ばなかった。全然、まだまだだか。

だが、ほんの少しではあったが小さな変化はあった。

放送作家やＡＤが俺に声をかけてくるようになり、ごくたまにだが、とんねるずのお二人とも話せるようになったのだ。

番組のディレクターになって1年ほど経とうとしていた。

面白いから放送した方がいいですよ

初めての企画からさらに1年経った。その間、企画はいくつかやったものの、なかなか「これだ！」と思えるものにはあたらなかった。

ゴールデンならではの予算をかけたド派手な企画。超豪華ゲストとおしゃべりをする企画。そういういわゆる王道とは違うなにかをやりたくて、できなくて、悩んでいた。

もう潮時か。これ以上やって結果が出なかったら、自分から「辞めます」と言おう。そんな覚悟を決めていたときのことだ。

これは、偶然から生まれた発想だった。

収録が終わり芸人さん数人と食事をした後、「どっか行きますか?」と話していたら、タカさんが「このままホリケンの家に行っちゃう?」と言い出した。

これはチャンスだと思った。

この集団が、そのままホリケンの家に押しかけたら絶対面白くなるに決まってるからだ。

俺はいつも手持ちのカメラを携帯していた。

そのカメラを勝手に回しはじめたのだ。

いつもだったらロケに出ればどこでも6、7台のカメラがとんねるずの二人を追いかける。だがこのときは俺のハンディカメラたった1台。

食事を終えたタカさんが、思いつきでいきなりホリケンの自宅を訪れるというショートムービーだった。

事前になにも聞かされていない、突然の来客に慌てふためくホリケンを尻目に、訪問者たちは家中で好き勝手に暴れ回った。

もちろん特に練り込んだ仕掛けはない。俺はただ自由に動くみんなを撮っていただけ。でもシンプルに、撮りながらめちゃくちゃ笑った。ちょっと編集しただけでも、抜群に面白い映像になった。

だから次の会議で俺は言ったのだ。

「あまりにも面白いから、放送した方がいいですよ」

ずっと俺のことを無視していたディレクターたちだったが、面白いVTRをわざわざ潰すような人たちではない。

やろう、ということになり、そのままゴールデンタイムに放映された。

当時のテレビの常識ではとても考えられない、ハンディカメラ1台で撮った、非常に画質の粗い映像が全国のお茶の間に流れた。

でも面白さは、画質とは関係なかったようだ。

放送後、大きな反響があり、高い視聴率を得たのだ。

ハンディカメラ1台で撮った映像を放送してしまう。そんなちょっとした常識破りができたことに喜びを感じつつ、俺はようやく「俺らしい企画」と出会えた気がした。

その後、この企画は「石橋を泊めよう！」「とんねるずを泊めよう」というコーナーへと発展していき、看板コーナーの一つになった。

人の成長は「萎縮」から

これ以上やって結果が出なかったら、自分から「辞めます」と言う覚悟はできていた。でもなんとかヒットを1本打てたことにより、番組に関わる人たちから「今後、どうやっていったら面白いと思う？」と相談されるようになったのだ。ディレクターとして加わって2年目、ようやくチームに認めてもらえた感じがした。

そしてそのときにようやく気づけたのだ。

重圧が、半端じゃなかったことに。

伝統と歴史のある番組に関わるというのは本当に大変なことだ。俺以外のディレクターたちもつらかったと思う。

タレントさんのパワーが大きく、現場の緊張感は否応なく高まり、スタッフたちはつねに萎縮させられている。

でも、今の俺なら言える。すべては萎縮からはじまるんだ。

人の成長はバネと一緒で、萎縮に耐えられないヤツは、大きく跳ねることもできない。なんで周りに気を使わなきゃいけないのか。なんでこんなに空気が重いのか。なんで黙って立っていないといけないのか。

そういったすべての緊張感、つらさ、しんどさに耐えられた人間だけが、次のステージにいくことができるんだ。

必要な技術や能力やセンスは、萎縮させられている間に磨かれ、蓄積されるものだからだ。

俺は30代までに、いくつもの「萎縮する環境」に身を置けた。それは幸運だった。

だからこそ、2年粘った末に、まるで今のユーチューバーのように革新的な映像を撮り、1対20の状況をひっくり返すことができたと思っている。

革新は続いた。「とんねるずを泊めよう」の後も、見た目はボロいけれど、料理はおいしい店を紹介する「きたな美味い店きたなトラン」などの企画を中心に、スタジオ出演が大半を占めていたとんねるずのお二人にロケに出てもらうようにした。お二人に外へ出てもらって、街で暴れ回ってもらうことによって、伝統と歴史のある番組に今までとは違う空気を送り込めたと思っている。

でも、それだけだった。背水の陣だった厄介者の俺が、今まで培ってきた泥臭いやり方を、ゴールデンという大舞台で試してみたら、運良く数字と評判が上がって、運良く生き延びることができただけの話だ。

だからその後のことなんて、俺はなにも考えていなかった。

episode 12

ジャンプアップ

おまえ、総合演出やる気あるか？

「みなさんのおかげでした」のディレクターになって3年目の終わりくらい。

俺は1時間番組のうち、受け持った約20分のコーナーで、定期的にヒット企画を出すことができていた。

そんなある日、局の偉い人から呼び出された。

「呼び出し」には昔から悪い思い出しかない。

今回はなんだろう？　あいかわらず仕事も遊びも全力でやっていたが、お咎めを受けるようなヤンチャは思い当たらない。

その偉い人はどうでもいい世間話をした後、急に真面目な顔になり「おまえ、総合演出やる気あるか？」と言った。

「え？　俺がですか？」

瞬間的にこう思った。

評価されたのは素直にうれしい。だが総合演出とは責任が重い。

フリーのディレクターは助っ人外国人のようなものだ。どれだけわがままで、クセがあっても、「ホームランを打てる」か「安定した打率を残せる」かすれば契約がもらえる。すぐに切られたくなかったら、ただ期待されている結果を出せばいい。

その期待の種類が、ディレクターと総合演出では大違いだ。

野球で言うなら、ホームラン30本でも打率1割だと通用しない。総合演出は、30本打ちながらも、打率3割を残せるような安定感が求められる。

尖っているだけではなく、安定した結果を残す。

そんなことできるか？

だが、俺の口からは「やります」という言葉が出ていた。

農業高校出の男が、フジテレビの看板番組の総合演出になれるチャンスなんてもう二度とない、ここは勝負しなくちゃいけないんだ。

俺らしく目一杯攻めて、攻めて、散ってやろう。

勝負は1年、ダメなら辞める

歴代の「みなさんのおかげでした」の総合演出は全員局員、大卒のエリート。農業高校出身の俺が総合演出に決まったとき、局内の反応は「お手並み拝見」といった感じだった。

学歴や会社の知名度は、演出のうまさとは関係ない。

だが、なんの後ろ盾もない人間が、エリートたちの頭を飛び越し、総合演出を名乗るんだとしたら「一体どれだけすばらしい仕事をしてくれるんだ?」と品定めされるのは当然だ。

さすがに俺も最初はちょっと不安だったが、スタンスは深夜番組の総合演出のときと変えなかった。

誰に嫌われようと、俺は自分のやりたいことをやる。

そんな自分を支えてくれるスタッフと仕事をする。

それで1年やっても結果が出なければ、総合演出は辞めると覚悟を決めた。


だから局の偉い人にひとつだけお願いをした。

「美術さん、技術さんを入れ替えてほしい」と。

「元気が出るテレビ」のAD時代、放送作家とディレクターが、美術さん、技術さんとうまく連携することで、番組がみるみる良くなっていくのを目の当たりにしていた。

だが当時の「みなさんのおかげでした」の現場は、美術さん、技術さんとの関係がぎくしゃくしていたのだ。

ディレクターが指示を出しても「そんなもん撮らなくていいだろう」「そんな急に言われたって小道具用意できないよ」などと突っぱねられることもしょっちゅう。

職人肌でベテランの美術さん、技術さんがいちいち「わかってねぇな」という反応を返すので、やりにくい現場になっていた。

実際、収録中に「こっちからのカットも撮ってください」と俺が丁寧にお願いしているのに、「そんなもん撮らなくていいだろう」「いいから撮ってくださいよ」「いらねぇよ」

と埒が明かないものだから、最終的に「じゃあ、おまえが編集すんのかよ！」と15歳くらい年上のカメラマンと取っ組み合いになったこともあった。

ロケ中、俺たちは演者である芸人さん、タレントさん、ロケ先の一般の人たちに気を使いながらロケを慎重に進めていく。

そのときに「これは撮らねぇ」「この音はいらねぇ」「これは用意できねぇ」などと偉そうに言う美術さん、技術さんの言い分を聞きながら仕事をすることなんてできない。

ディレクターが撮りたいもの、必要だと考える画や音を撮るのが技術さんの仕事だ。

美術さんと技術さんは、大事なチームの仲間。

俺のその常識から考えると、クリエイターぶる非常識な職人はいらない。

だから、撮ってほしい画と音を理解してくれる美術さん、技術さんに入れ替えてほしいと、俺は局の偉い人にお願いした。

ゴールデンタイムで勝つために、戦える体制を整えてもらったのだ。

地獄のような天国

ダメなら1年で辞めると腹をくくった。美術さん、技術さんなど一緒に戦ってくれるメンバーがそろった。俺が総合演出としてやる準備は整った。

そこからはハードな生活だった。たとえば朝8時から9時に集合して、ロケ地へ移動し撮影。撮影の終わりは大体14時から15時くらい。そこから編集所へ移動。ナレーションを収録したり、他の素材を集めたりしてから、編集作業に入り、それがいち段落するのが大体夜中の0時。

そのタイミングを見計らったかのように編集所の会議室にはスタッフが集合していて、翌週に向けた会議がはじまる。会議を2、3時間やったら、残りの編集作業に手をつける。終わるのが大体朝の6時か7時くらい。VTRが仕上がったら仮眠して、昼の12時から次のロケに出るというようなタイムスケジュールだ。

ロケ地から編集所、編集所からロケ地。気づいたら3日も4日も家に帰っていない、なんてのはざら。休みなんかほぼない。病気になる余裕もない。まとまった休みは正月の1週間だけ。

こんな生活が、30代の中盤から40代後半にかけて10年間以上続いた。

仕事は忙しいですか？　と聞かれたら、まあそうだと思うと答えただろう。

俺は33歳で結婚したが、女房にも子供たちにも全然会えなかった。子供が生まれたてのときにも会えなかった。運動会や発表会といった学校の行事にも行けなかった。

どう考えても、最低の夫で、最低の父親だろう。

ときどき、もっと子供の成長を見守れる働き方、もっとゆとりのある生き方をしたかったな、と考えることもある。

でも、できなかった。休みがあると不安になる。仕事に合間があるなら、すべて遊びの予定で埋め尽くす。会議も夜中の1時過ぎに終われば、「今日は早いな」と夜の街に出ていく。俺は酒が飲めないから周囲が朝まで飲んでいる中、また編集所に戻ってひと仕事をする。よく編集所で、スタッフに「俺、何日ここいるっけ?」と聞いていたものだ。

そうすることしかできなかった。

局員がみんな俺と同じような働き方をするわけではない。ほとんどの局員は編集室にはほとんど顔を出さず、せいぜいできあがりを確認しに来て「もっとこうした方がいいんじゃない?」などと口を出すくらいだ。

俺は性格上、熱を全量注ぎ込むことしかできない。

でもだから俺みたいなヤツでも、総合演出を続けられたんだと思う。

また、同時期に「みなさんのおかげでした」の総合演出をしながら、『おねがい！マスカット』の仕事もはじめていた。セクシー女優とグラビアアイドルで構成された、恵比寿マスカッツの深夜バラエティ番組だ。俺は「みなさんのおかげでした」の編集をした後、「マスカッツ」の編集をしていたわけで、気づけば朝。

今だったら、死んでいるかもしれない。

30代、40代は地獄だった。重圧感と達成感。まさに地獄のような天国だった。

おまえの演出は幕の内弁当

ヒットを飛ばさなくちゃいけない。数字を稼がなきゃいけない。

「総合演出」というポジションの重圧は想像以上に大きかった。

だから手堅く数字を取りにいこうと、とりあえず無難にウケそうな企画をやったことは一度や二度じゃない。

でもあるとき大先輩から「最近のおまえの演出は幕の内弁当だな」と言われた。

「幕の内弁当はいくらおいしくても記憶に残らないだろう？　おいしいラーメンとか、おいしいカレーの方が記憶に残るだろう。『あそこの店のがうまいんだよ』って話になるんだ。企画もそうだよ。詰め込みすぎると、一つひとつのおいしさを潰してしまう。『今日はラーメンにしよう』『今日はカレーでいこう』くらいでいいんだよ。シンプルイズベストで、シンプルに企画を考えてみろ」

この言葉を聞いて以来、俺は演出をすべてシンプルなものに変えた。

そしてどうせ総合演出をやるなら、これはバント、これは当てにいこう、これはフルスイング、と企画を使い分けることをやめて、すべて「フルスイング」だけでいこうと決めた。

フルスイングをして、結果がファールフライでもいい。ポテンヒットでも、センターオーバーでも、ホームランでも、三振でも、ゲッツーでもいいじゃないか。

それでダメでも自分が納得できる。

　こうして俺は、後に「みなさんのおかげでした」の名物コーナーとなる、「全落・水落シリーズ」「男気じゃんけん」「2億4千万のものまねメドレー選手権」などの企画を世に送り出すことができた。

ATLANTA
TOUR
CHAMPIONSHIP

Words

人の成功を心から祝福する。

口では「よかったね」と言いながら、
心では「たいしたことないね」と思う。

気持ちはわかりますが、それを自分に許さないでください。

ひがみ、やっかみは、努力しないヤツの病気ですよ。

身近な人が成功したら、それはすげえな、やったなと心から拍手をしてやりましょう。

そうすれば、自分だってやってやる、今に見てろと奮起できますから。

昔、ばあちゃんが言ってました。人はそれぞれ咲く時期が違うんだと。

ひまわりは夏だけど桜は春。梅雨の時期に咲くあじさいだってある。

人それぞれ咲く時期が違うんだから、今咲いてる人をうらやんでも仕方ない。パッと思いっきり咲いてる花を思いっきり愛でてやろうよ。応援してやろうよって。
隣のヤツが成功しても、焦る必要なんてない。
自分も今がむしゃらにやれば、来年咲けるかもしれない。
そう考え直したら、他人の成功や充実ぶりなんてまるで気にならなくなります。
そしてもっと強くなれます。

他人の勝ちは、自分の負けではない。

Words

自分の直感を冷静に眺める。

自分の直感を信じるべきだ。その言葉はたしかにそうだと思います。でも自分の直感だからこそ、自分から離れて、客観的に分析することが必要だとも思う。このアイディアは本当に面白いのか？　大丈夫なのか？　できるのか？

俺は誰にも相談せず、自分の脳内でくり返し考えています。一人脳内会議は毎晩のことです。22時くらいからはじめて、夜中の2時、3時まで続きます。

平凡なアイディアならば、なにも心配なく眠れるでしょう。本当に価値のあるアイディアに限って、心配事が止まらないものです。

目を閉じると「あの企画で視聴率が取れるのか？」「あんなやり方で大丈夫なのか？」といっ

た心配事が、まるで走馬灯のように次々と浮かんできて苦しくなる。職業病みたいなものです。

でもこの心配事と向き合わないと、大きな結果は出ないと経験上わかっています。

成功は心配事とセットでやってくるんです。

心配なアイディアこそ、やってみる価値がある。

Words

上をめざすなら、今までのやり方を捨てる。

アブラにはアブラの良さがある。

刺激があり、中毒性があり、心地よい罪悪感がある。

でもその味を好むかどうかは、人によります。

だから一流になるためには、そのアブラを捨てて、中身だけで勝負しないといけません。

俺の作るゴールデン番組が鳴かず飛ばずだった頃、俺の作る深夜番組は大当たりしていました。


なにが違うのか、やっぱり俺は深夜の男なのか。悩んだこともあります。

そして悩み尽くした結果、俺の作るものには「余計な演出（アブラ）があるからだ」と気づきました。

余計な演出というのは、視聴者だってさすがに嘘だと完全にわかるレベルの嘘。たとえば「大久保佳代子が結婚します」とか、リハーサル中に出演者が誘拐された衝撃映像が見つかりましたとか、セクシー女優が自分の経験談をそのまま替え歌にしました、などのいわゆる「お約束」のようなものをさします。

昔、極楽とんぼの加藤浩次から「深夜のやり方じゃ、一流にはなれないよ」と助言されたとき、はじめは反発しました。「余計な演出」が生きる深夜番組こそが俺の居場所だと思っていたからです。

でもあとで気づきました。俺にとっては深夜のやり方は楽だったんですよ。

一流になるには、一流の覚悟がいる。それは今まで自分を守ってきた、アブラ（古いやり方）を捨てるという覚悟でした。

——古いやり方を捨てないと、見えない世界がある。

Words

結果が出なくても、強気にやる。

リーダーがスタッフにお世辞を言うようになる。頻繁に食事に誘うようになる。「いい仕事をしよう」「感動を与えよう」などと〝いいこと〟を語りはじめる。いずれも危険な兆候です。

俺たちの世界では、番組のトップである総合演出が周囲に媚びはじめると、番組が終わると相場が決まっています。

それは結果が出ていないことを、自分の無能さのせいだと悟られないよう必死に隠そうとしている証拠だから。そんなことに心血を注いでいる人間が、仕事で勝てるわけがありません。

結果が出ないときこそ、卑屈な態度を取らず、むしろ堂々としていた方がいい。

そのとき自分ができるベストは、周囲に気を使うことではなく、自分のやり方に集中することです。

どれだけ嫌われてもバカにされても、やるべきことをただ淡々とやるだけ。

ろくに数字が出てないくせにあいつは自分勝手なヤツだと思われるかもしれない。勝手に思わせておけばいい。

あの人は一度言い出したら聞かない。無茶苦茶なことばかり言う。

でも結果的に、協力してよかったなと思われるときがくるまで、自分のやり方で耐え切るんです。

それがカリスマ性。すべては結果。


本当の信頼は、逆風に耐えた後に得る。

Words

ルールを破っても礼儀は守る。

お笑いの世界では、非常識なことをやって笑いを取ります。

でも不思議なもので、プライベートが非常識な人間は、非常識なことをやっても面白くなりません。

お葬式のコントもそうですが、「常識的にはこう振る舞う」というフリがあってこそ、その後の非常識な振る舞いが笑いを生むわけです。

現実も同じで、「常識人」だからこそ常識を壊して、本当に面白いものを生み出すことができるみたいです。

常識というのはなんでしょう。

それは一つひとつの行動を丁寧にするということです。

人に会ったら挨拶をする。ゴミが落ちていたら拾う。お年寄りに優しくする。小さい子供を助けてあげる。遅刻をしない。初対面の人に対しては目下の人でも、お店の人でも敬語で話す。

そういったごく当たり前のこと。

でも偉大な人ほど、そういう当たり前のことを徹底しています。

ビートたけしさんは、初対面のときから丁重な敬語で話しかけてくれました。

ホリケンは、仲間の挑戦を応援してくれるし、絶対に人の悪口を言いません。

いくら毒を吐いていても、無茶苦茶なことをしても、「あの人はふだんすごくちゃんとしている人」だと周囲はわかっています。

地道に常識を積み重ねているからこそ、とんでもない無茶苦茶をしたとき、「とんでもなく面白い」ものになるんです。

常識的な人間にしか、常識は壊せない。

Words

重圧は成長機会だと考える。

なんでこんなに気を使わなきゃいけないんだろう。なんでこんなに空気の悪いところにいなきゃいけないんだろう。

緊張する場面はできれば避けたい、逃げたいという気持ちはわかります。

でもすべての成長は「萎縮」からはじまります。

バネと一緒。大きく飛び上がる前には人間、まず萎縮させられることになる。

だから萎縮を我慢できずに避けるのは、あまりにもったいないことです。

押し潰されそうな感情こそ、成長している証拠なんですから。

テレビの現場の重圧も半端じゃありません。特に伝統のある番組は、タレントさんのパワーが強く、現場にいる誰もが萎縮させられます。

それはメンタルが強いとか鈍いとかは通用しない、強烈な萎縮です。

でもこの萎縮が大きいほど、そこからのプラスのフィードバックが大きいと実感してます。一流の人は近寄りがたくて怖い。ただ一流の人と向き合い、戦わないと一流にはなれません。

「一流は一流を育てる」という言葉がありますが、本当にそのとおりだと思う。


苦しいときこそ背筋を伸ばせ。

Words

やりたいことは本気で伝える。

演出という仕事は孤独です。

演者さんの方が影響力は強く、味方も多い。

彼らの言い分を無視したら、仕事を前に進められなくなります。演者さんが怒って帰ったら終わり。だから演者さんの言うとおりになんでも従う演出家もいます。

芸人から「こうした方が面白い」という意見が出れば、芸人の方が圧倒的に面白さのレベルは高いから、そのまま聞き入れたくもなります。

でも本当にいい仕事をする人間は、そこでブレずに闘うものです。

ブレないというのは、相手の意見を100%否定するということではありません。

一緒に仕事をしているわけですから、「なるほど」「それも面白い」と相手をリスペクトする。

でも相手の意見の3分の1、せめて半分までは取り入れたとしても、最終的に自分のやりたいことは通します。

たとえなにを言われても「こういうのが面白いと思うのでやらせてください」と自分の気持ちをまっすぐに伝える。そうすれば、たとえ相手が大御所でもたいてい聞く耳は持ってくれます。

どんな仕事でも、きっとそうでしょう。

衝突を避け続けて、ゴマすり課長を続けても仕事は面白くなりません。

自分のやりたいことを貫いて、化け物みたいな数字を叩き出してやりましょうよ。

――キャリアに勝てるのは、曲げない勇気。

Words

ダメ出しに感謝する。

ダメ出しをされたら誰でも悔しいし、傷つくものでしょう。

でもダメ出しは、ありがたいものでもある。

年齢を重ねるごとに、誰も言ってくれなくなるからです。

30歳から説教されることが減り、40歳から否定されることが減り、50歳から誰もなにも言ってこなくなる。

それはもちろん、自分が完璧だから誰もなにも言わない、ということではありません。

欠点や改善点が見つかっても、ただ単に伝えるのが面倒くさい存在になっているだけ、お山の大将になっているだけです。

今、俺にダメ出しをしてくれるのは、加藤浩次、マー坊（眞野勝忠）くらいですが、「おまえはもっとこうした方がいいと思う」と率直な意見をくれる人は、とても貴重な存在だと思っています。黙っている方がよっぽど楽なはずなのに、あえて厳しく言ってくれるのは優しい。

ダメ出しは、自分の伸びしろ。

もらったら不機嫌にならず、感謝すべきです。

耳の痛いことを聞こう。それが真実だから。

Words

仲間を思い出して耐える。

精神的につらい時期は、どうやって乗り越えるか。

悪いことはいつまでも続くわけじゃありません。

そう思って、歯を食いしばって我慢するしかありません。

でも、その根性の源はどこからやってくるのか。

結局は、「今踏ん張っている自分の仲間」だと思います。

現状に満足している、昔話しかしないダレた連中はダメです。

ギラついている仲間に会いましょう。未来に興奮しているヤツらの話を聞きましょう。

そうすれば自分だけが折れて、楽なところに逃げるわけにはいかないと思い直せますから。

ゴールデン番組の新参者だったとき、俺は20人のスタッフ全員から無視されました。

会議では終始「てめえになにができるんだよ」という態度で扱われ

実際、俺は望む結果をなかなか出すことができなかった。

そんな状態が1年以上続き、さすがに心が折れそうになったこともあります。

でも勢いのある仲間たちと会うたびに、こんなところで潰れてたまるかと気持ちを立て直すことができました。

身近な人間の「やってやる」という顔つきほど、自分を戦わせてくれるものはないんです。

すべては「仲間に合わせる顔」のために。

Words

すべてにおいて仕事を優先する。

俺には家族がいる。でも家族に対して俺は0点です。妻には多大な迷惑をかけているし、子供たちは健やかに育ってくれているし、懺悔と感謝の気持ちしかありません。仕事と家庭を両立できる人は天才だと思います。

俺はすべてにおいて家庭よりも仕事を優先してきました。とことん面白いことに執着したかったから、そして俺がいないところで面白いことが起こることが我慢できなかったから。

仕事でなにかあれば夜中でも駆けつけたし、仲間の誰かが遊んでいたら必ず合流しました。おかげで俺は毎朝4時くらいに帰宅して寝て、昼過ぎに起きて仕事に出かけ、妻は朝6時に起きてお弁当を作り、子供たちを学校に送り出す生活を続けました。

だから家の中で家族とはまったくと言っていいほど会えなかった。子供たちは妻が一人で育ててくれたし、俺がまともに教えたことはほとんどありません。唯一教えたことと言えば「好きなことをやれば身になるから、好きなことを仕事にしなさい」ということだけ。

その言葉は、子供たちにとってきっと反面教師になっています。

つまり俺みたいに自由に生きたい人間は、結婚しない方がいいでしょう。

その言葉と矛盾しているし、身勝手な話ですが、子供は最高です。

子供から教えられることは本当に多い。俺は娘、息子を愛しています。結婚をしなかったら、彼らと会うことができなかった。それは死ぬことよりもつらい。

俺がバカだったから仕方ないです。暴走列車みたいに走ってきてしまったから、後ろにはなにも残っていませんでした。

でも後悔はしてません。


——何かを選ぶということは、何かを捨てるということ。

4部 疾走

俺はこれで生きていく。

4部 ―― 疾走

お笑い界の重鎮のひと言で、
俺はある日突然ゴールデンの現場に立たされた。

「エリート20人」対「非エリート俺一人」。
完全にアウェイな環境で、
俺は手も足も出ず、約1年間くすぶった。

だが1台のハンディカメラで
「アポなし自宅訪問」を追った映像が、
視聴者にウケたことがきっかけで形勢逆転。
立て続けにヒット企画を出せるようになり、
ついに、
手を伸ばそうとしても届かなかった、

いや、手を伸ばそうと考えたこともなかった、
「ゴールデンの総合演出」に指名される日がきた。

とんでもない大役だったが、
俺は今までとやり方は変えなかった。

逃げずに、媚びずに、群れずに、

これまで培ったものすべてを賭けて
フルスイングをした。

episode 13

最高のキャプテンシー

映るところも、映らないところも

総合演出とは？　と聞かれたら、俺は「番組のすべての責任を背負う人」と答えるだろう。

プロデューサーは予算やキャスティングを担うが、それ以外のことすべてだ。番組のロゴから、セットのデザイン、ロケ地の選定から、タレントさんに出すお弁当、テロップの言葉選び、BGMの1曲にいたるまで、カメラに映るものも、映らないものも、すべてに目を配り「演出」をしている。

美術さんからの「今回のセット図のこの背景は、この色味でいいですか？」という確認にも、技術さんからの「今日の収録はカメラ4台の予定ですけど、増やしますか？」という相談にも、すべて堂々と答える。

総合演出が自信を持って判断することで、スタッフたちは自分の仕事に集中し、番組の質を上げることができるからだ。

もちろん、判断ミスをするときもある。

あれはまずかったとあとで気づけば、翌週の会議で「この間はここが良くなかった。俺の判断ミスだったと思う。今週からはこうしよう」と非を認め、改善策を伝えなければいけない。

スタッフがいい働きをすれば、必ず「良かった」と言葉と表情で伝える。いくら嫌われてもいいと思っているが、褒めるべきところは徹底して褒めることにしている。

そういったキャプテンシーが総合演出には求められている。

番組の質を高めるプロセスは複雑だが、評価はいたってシンプルに視聴率で決められる。

それは大御所が出ているゴールデンの枠でも、駆け出しの芸人が出ている深夜の枠でも変わらない。

テレビ局が総合演出に下す評価の基準は、基本的に「視聴率」のみ。

だから俺はその視聴率をわずかでも上げるために、考えられることはすべて考え、やれることは全部試してきたつもりだ。

撮ったものがダメなら、撮り直せばいい

ゴールデン番組は予算も規模も巨大だった。総合演出の下にいる10人近くのディレクターが、各班を指揮し、各コーナーを撮影し、番組全体をまとめ上げていく。

だから総合演出の最も大事な仕事は、まずディレクター選びだ。ディレクターの顔ぶれによって、番組の全体的な面白さが決まる。

俺はディレクターとのやりとりに手間をかけた。「狙っている面白さ」を共有できているかどうか、番組のコンセプトに沿った内容になっているかどうか、もし気になるところがあれば、たとえテロップひとつでも細かく指摘した。「まあ、いいか」と妥協はしない。

ダメだったら、俺がもう一度撮りに行って、素材を集め直し、再編集することもあった。ただそういう「手直し」をすれば、もちろん担当したディレクターは面白くない。プライドを深く傷つけられ、恨むこともあったに違いない。

それでも俺は、番組の質にしか意識がなかった。

とにかく面白さ、面白さ、面白さだけが正義。

そのＶＴＲが俺の求める面白さに到達しておらず、担当ディレクターでは到達できないのなら、撮り直す以外に選択肢はない。

かといって、そのディレクターを放り出すわけでもない。本人には、俺の一連の仕事を近くで見させ、ロケ現場でのやりとり、編集のポイントを学んでもらう。

朝までかけて編集したＶＴＲを、その担当ディレクターの目の前で、俺が次の日の朝までかけて全部やり直したこともある。

「俺がおまえのクソみたいな編集をどうやって変えるか見てろよ」

そう言って、挑発して、苛つかせ、集中させ、編集台の後ろに立たせる。どこが違うのか、どう変えるべきなのか、その結果、どう面白くなるのかを覚えてもらう。

そいつはどんな気持ちで俺の後ろに立っていたことか。

俺としては番組の質を高め、ディレクターを育ててきたつもりだ。

その気持ちが届いたかどうかは、そいつ次第だが。

それでも俺が教えたディレクターのうちの一人は、その後、バラエティ番組の総合演出をつとめることになり、今は独立していると聞く。

総合演出を支える3ヵ条

総合演出は孤独だ。

高視聴率を叩き出す同じ時間帯の新作ドラマにどう対抗すればいいか、などスタッフに相談することはある。しかし番組の方向性を最終的に決めるのは総合演出である。

一度でも誰かに頼ったら、番組のすべてが崩れていく。

だから俺は「逃げない」「ブレない」「群れない」という言葉を心に刻んでいる。

「逃げない」というのは、演者さんとスタッフとの間でトラブルが起きたら、俺が必ず謝りに行くということだ。俺は「自分が面白いと思ったことしかやらない」と決めている。すべて自分がやろうと思った企画なんだから、トラブルが起きたのなら、すべて俺が責任を持つのは当たり前だと考えていた。

「ブレない」というのは、「撮る」と決めたものは、なにがあっても「撮ってくる」ということだ。

現場で急にそれが必要だと思ったら、たとえ無茶をさせても、美術さんに道具の用意を、技術さんにカメラの台数追加を、プロデューサーにキャスティングを要請する。たとえば「明日までに船を用意しておいて」みたいな急発注も平気でする。

当然のことながら「なんで会議のときに言ってくれなかったんですか」と責められるが、「こっちの方が面白いって、今気づいちゃったんだからしょうがねぇだろう」と言って押し切る。

それで、その撮影がどれだけ悪い空気になろうとも、知ったことではない。その素材をきっちり面白い映像に仕立て上げて、あとで納得してもらえればいい。

「群れない」というのは、つねに一匹狼でいなければならないということだ。

味方を作るなんていうのはもってのほか。なぜなら「味方」が会議で間違った発言をしたり、現場で望ましくない行動を取ったりしたときに、強く指摘しにくくなるからだ。

総合演出は、近寄りがたいくらいの存在でいい。嫌われてもいいと考えているからこそ、番組を面白くするためならなんでも容赦なくできる。

それに長い目で見れば、たとえみんなからとことん嫌われても、面白さを共有さえできていれば、俺みたいなやり方が信頼されるとわかっているから。

逆に、総合演出が「みんなでメシでも行く?」などとスタッフに媚びはじめたら、番組が終わりかけているサインだと経験上わかっている。

視聴率が下がっているから、スタッフにバカにされている感じがするとか、技術さんが自分に対して文句を言っているらしいとかそういったことを気にして、自分の保身を優先している、自分の弱気をごまかそうとしている、というのは見え見えだ。

まったくそんなのはどうでもよくて、優先すべきはブレずに「面白いもの」を作ることだけ。

長い青春の終わり

2018年3月22日。

それは「みなさんのおかげでした」の最終回が放送された日である。そして俺は48歳になっていた。

ディレクターにしてもらってから15年。

長い青春だったと言える。

その間に起きたことは正直言って、あまりよく覚えていない。とにかく必死だったから。

ただこれだけは言えるが、今振り返ってみても「みなさんのおかげでした」はやっぱり日本一のバラエティ番組だったと思う。

とんねるずのお二人、他のタレントさん、予算、規模感はもちろん、すべてが一体となって「面白いものを作り出そう」というパワーに満ちあふれていて、俺はその勢いに運良く乗せてもらうことができたのだ。本当に感謝しかない。

俺は笑いで日本一になりたくて、山形から東京に出てきた。それからずっと突っ走ってきて、ここまでやってきて、ようやくひと区切りついた感覚があった。

生まれて初めて「よくやったな」と自分を認められた。「次、なにをしよう」なんて全然考えられる気がしなかった。

同時に〝深夜のカリスマ〟とおだてられ調子に乗っていた頃の自分を思い出し、なんて器が小さかったんだろうと反省した。

カリスマだって？　カリスマへの道はそんな甘いもんじゃない。ゴールデンタイムの総合演出には、信じられないほどの「カリスマ」性が求められた。

どれだけ面白いものについて頭でわかっていても、自分にカリスマ性がなければ物事を動かすことができなかった。

そのカリスマ性というのは生まれつき備わっているものではなく、仕事の進め方、人との接し方、平時の態度、判断する基準、直感やひらめき、すべてを大勢に見られながら、評価されながら、叩かれ、磨かれていくものだと知った。

また総合演出に必要なカリスマ性というものは、総合演出にならないと生まれない。

これは他のどの職種の、どのトップにも当てはまると思う。

見た目に圧があっても、コミュニケーション能力が高くても、性格が良くても、金払いが良くても、カリスマにはなれない。

結局カリスマになれるのは、その仕事の「核」について、他の誰よりも考えている人間だけなのだ。

その人間だけが理屈をはるかに超えて、スタッフたちを動かすことができる。

だから俺は「演者の面白さをいかに引き出すか」という番組の核だけを考え、そのためならどんな無茶なお願いでもした。

追求している面白さに嘘がなかったから、誰になにを言われてもどう思われても平気だった。

最終的にできあがったものを見て、納得してもらえばいいと思っていた。

すべては結果。テレビならそれは視聴率に出ると信じた。

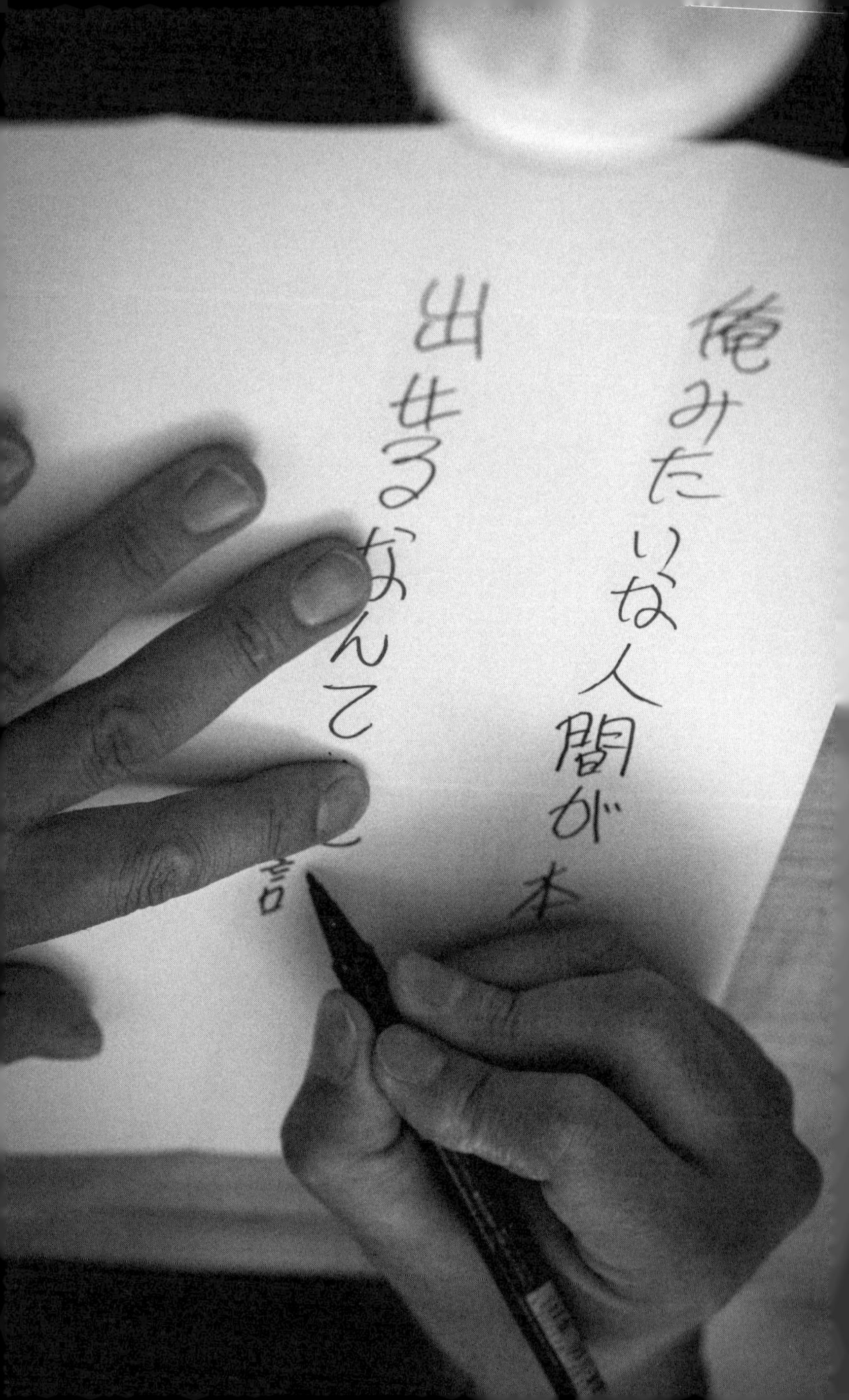
俺みたいな人間が本
出せるなんて
言

episode——14

1行で語れるか

おまえ、なに買っちゃってるの

俺が関わる番組の会議は、いつもすぐに終わった。

遊びで面白いことを思いついて、それをそのまま会議で発表して、みんなが笑えば、「じゃあ、やろう」でおしまいだからだ。このスタンスは基本的に「みなさんのおかげでした」でも変えなかった。

日常の遊びの中から、いくつも名物企画が生まれた。

たとえば、スギちゃんがロレックスのデイトナレパードを買い、バナナマンの日村勇紀くんがポルシェを買い、狩野英孝がレンジローバーを買い、おぎやはぎの小木が金の延べ棒を買い、出演者の買い物総額が1億円を超えた「買うシリーズ」もそうだ。

あの企画は元々、ある芸人とプライベートで北海道に行ったとき、その人から「おまえ、これ、いいから買ったら?」と80万円するルイ・ヴィトンのバッグをすすめられたことからはじまる。

大先輩の言うことだから……と意を決して買ったら、会計後に「おまえ、なに買っちゃっているの?」と茶化されて、本気で悔しい思いをした。

あの悔しい思いをカタチにできたら。

そう思って「買うシリーズ」として会議に企画を出してみた。

すると場の反応が「面白い」だったので、1回目の「日村、時計を買う」につながった。

企画会議はプレゼンするのではなく、反応を確かめる場だった。なにも考えずにぽんと出してみて、場の全員が「面白い」と言えば、名物コーナーになる可能性がある。

「2億4千万のものまねメドレー選手権」もそう。

大先輩の誕生日会で、日村くんが郷ひろみさんの「2億4千万の瞳〜エキゾチックジャパン〜」のカラオケを流しつつ、いろんな有名人のものまねをしながら歌ったのがめちゃくちゃ面白くて、参加者みんなが爆笑した。

するとその場にいた他の芸人も真似して、同じ「2億4千万の瞳」を流して、それぞれがものまねを見せていき、爆笑が連鎖していった。

その後「2億4千万の瞳」の1コーラスの中に、最低でも5人の有名人のものまねを組み込むというルールをもとに笑いを競い合う「ものまねメドレー選手権」となり、あのときの爆笑を再現することができた。

逆転の発想

「男気ジャンケン」も遊びから生まれた企画だ。

「みなさんのおかげでした」では撮影が終わるとよく、演者さんも一緒にスタッフでご飯を食べに行ったものだが、なにしろゴールデンタイムの番組のメンバーだ、高級なステーキ屋、寿司屋、天ぷら屋など、今とは違って「贅沢は普通にするもの」だった。

しかし楽しんでばかりもいられない。

食事が終わって一息つくと、タカさんが「ジャンケンするぞ」と言い出す。「負けたヤツが全額払う」ことを目的としたジャンケンだ。

参加人数は日によってまちまちだが、5人だろうが10人だろうが高級店だからお会計はそれなりの金額になる。負けたらショックは大きく、勝った方は負けた人間の反応を見て盛り上がる。

ある日、俺が負けて払うことになった。実際に負けて払う立場になると、これが金額以上に悔しい思いをする。「テレビでやり返してやろう」と思った。

この遊びを企画にしたら、企画会議では大いにウケてやろうやろうと盛り上がったが、局側から「イジメに見えるからダメ」という指摘を受けた。

だがどうしてもやりたかった俺は「だったら、ジャンケンに勝った人が『払いたい』と言って払うのはいいでしょう」と粘り、そうなると局側も「払いたいという意思が、勝った人にあるんだったらいい」と答えざるを得ず、話は強引にまとまった。

しかし、ふと思った。ジャンケンに勝ったにもかかわらず「払いたい」気持ちって一体なんだろう？　どうしたら不自然に感じないか。

そこで思い浮かんだのが「男気」という言葉だった。

男気ジャンケン。それはいかにも男気がありそうな、かっこよくて頼りがいのあるゲストが集まり、今日の「払わせてもらえる人」を賭けて、渾身のジャンケンをするものだ。その様は見ている者たちに勇気と爆笑を与えてくれた。

この企画は番組が終わった後も定着しているようだ。ユーチューバーが類似企画を流していたり、街で見知らぬ人から「男気ジャンケンやってください」とお願いされたり、レジに並んでいたら、前のグループが男気ジャンケンをしているのを見かけたりして、ああ浸透してるなと思う。

こういう企画の一人歩きははっきり言ってうれしい。

見知らぬ人たちの男気ジャンケンに巻き込まれて、負けて、俺が払っているときはなんとも言えない気持ちにもなるが、それでもやっぱりうれしかった。

人生の裏テーマをしのばせる

事前になにも知らされていないターゲットが、呼ばれて歩き出し穴に落ちる、その姿やリアクションの美しさを競うドッキリコーナー「全落・水落シリーズ」は、落とし穴を用意して、ただ落とすだけの極シンプルな企画だ。

でも、そこには「人間好事魔多し」という裏のテーマがある。俺の人生がまさに、いいことが続いていると、突然とんでもなく悪いことが起こる、ということをくり返していた。人間いつ地獄に落ちるかわからない、とは誰もが頭のどこかではわかっていることだ。だがふだんは意識をしていない。だから身をもってわからせる。

慣れた仕事だと思って気を抜いていると、いきなり落とし穴に出くわす。そういう人生の縮図を、みんなで観察するという構図になっている。

ちなみに俺はおそらく日本一、芸人さんやタレントさんを穴に落とした男だろう。中でも印象的な「全落ハワイアンオープン」という企画では、ハワイを2度訪れ、予算1億円かけて、20個の落とし穴を作り、豪華芸能人たちを次々と穴に落としていった。あとで局から「金の使いすぎだ」と怒られたが、こんな仕事ができて俺は幸せだった。

ヒットする企画は1行で伝わる

なかなかヒットが出せなかったとき、ある売れっ子の放送作家さんからもこんなヒントをもらったことがある。

「マッコイさん、視聴率が悪い番組10本見て、その後に視聴率のいい番組10本見てください。そしたらなにかわかりますから」

なるほどと思い、おれは素直に試した。そしてある日気づいた。おそらく世の中でヒットを連発する人はみんな気づいているのだろう。

視聴率の高い番組はすべて、パッと見ただけでほぼ内容(面白さ)がわかるのだ。『行列のできる法律相談所』も『世界一受けたい授業』も『世界の果てまでイッテQ!』も『笑点』もそう。

その考え方を、俺は「1行理論」と名付けている。『笑点』にいたっては1行どころか、ひと言だ。なにも難しいことはなく、ヒットする企画は、1行の説明で伝わる。

反対に言えば、くどくど補足説明が必要な企画がまずヒットすることはない。

「買うシリーズ」も「2億4千万のものまねメドレー選手権」も「男気ジャンケン」もそうだ。どれも1行で内容を説明することができたし、それを聞いた人にも一発で面白さが伝わった。

「見た目は汚いがうまい店」を表彰する「きたなトラン」も、「見た目は汚いがうまい店」というものに、誰もが心当たりがあるから、全国の人たちの興味を引くことができた。

もちろん1行で説明できる企画を考えるのは簡単じゃない。

企画を立てる側からすれば、シンプルすぎる企画は怖い。手堅くウケる要素を、保険としていくつか用意しておきたくなるものだ。だから会議で話し合うほど、あれもこれもと詰め込みたがり、説明が何行にもわたって必要な企画になってくる。

実際、そういう企画は手堅く数字を稼いでいるのかもしれない。だけど、そういう企画は記憶に残らない。視聴者には響かない。

伝えたいなら、とにかくシンプルに。

たとえば人気番組の『BREAKING DOWN（ブレイキングダウン）』は、「1分間最強を決める。」というコンセプトで、いろんな背景を持った人たちが「1分1ラウンド」でケンカする、という内容だ。

誰でもすぐに理解できるし、1分なら見やすそうだと思う。大ヒットするのも当然だろう。

episode——15 笑軍

コンプライアンスとの戦い

ばあちゃんは言った。
笑う門には福来たる。笑いなさい。笑えばなんとかなるから。
そんな単純なものかな？　と思った。
でも今では本当にそうだと思う。
笑う。笑わせる。笑ってしまう。
すべての笑いは、人を幸せにする。
そしてこのどうしようもない俺のことも救ってくれた。
そのことを最初に教えてくれたのがテレビだった。俺はテレビが大好きだった。

俺だけじゃないだろう。日本中の誰も彼もが、テレビ好きだったはずだ。

というより「テレビが好き」なのはあまりにも普通のことなので、誰も特に意識していなかったんじゃないだろうか。教室でも街でも会社でもどこでも、どこかで「昨日のあれ見た？」「見た見た！」という会話があれば、それは当然テレビのことをさした。

でも今はそうじゃない。誰かに「昨日のあれ見た？」と聞いても、みんなポカンとする。ユーチューブ、ネトフリ、アマプラ、アベマ、ディズニープラス……みんな見ているものがそれぞれだから。テレビはみんなの共通の話題ではない。選択肢がたくさんあって、「自分なりの面白いもの」を選ぶ時代だ。

配信系は企画も、演出の仕方も、テレビよりも振り幅があってどんどん面白くなっていく一方で、テレビは、特にバラエティ番組は、どんどん無難に作られるようになった。

それも仕方ない。２０００年代までは型破りな番組を作っても「バカだな」と笑って済まされたし、むしろ褒められたくらいだが、２０１０年代以降は普通に怒られるし、ネガティブな意見が集まればすぐにやめさせられるからだ。

とにかく、みんながんばって「苦情がこないような番組」をめざしている。

この風潮は急速に広がったために、「みなさんのおかげでした」の終盤はやりたいこととコンプライアンスとの戦いに尽きた。

あるロケでセグウェイを借りた。そのセグウェイを芸人が乗り回していたら、操作を誤って壁にガーンとぶつかって、でたらめにすっ転んだ。そのリアクションも含めて、めちゃくちゃ面白い映像を撮れたことがある。

偶然のトラブルを生み出す芸人とセグウェイという組み合わせ。その新しい笑いが引き立つように編集したわけだ。そうしたら、セグウェイを借りてきたADが、俺になんの相談もなくこんなテロップを入れやがった。

「メーカーはこういった乗り方を推奨していません。危険なのでやめましょう」

知らないが、借りるときにメーカー側とそういった取り決めがあったのかもしれない。だが、一緒に笑いを作り出す「仲間」であるはずの番組スタッフが、メーカー側の気持ちに忖度して、トラブル回避のテロップを入れておくなど、裏切り行為だと思った。しかもよりによって、芸人が笑いを生んでいる場面に、だ。するとどうなるか。視聴者からすれば芸人が悪いことをしているように見えて、笑いが潰れてしまうのだ。

面白さを半減させてどうすんのよと思った。俺たちは、全力で面白さを守るためにメーカー側と徹底的に戦うべき立場だろう。

本来なら誠心誠意メーカーに頭を下げて「それでも面白かったから、どうかそのまま放送させてください」と伝え、納得してもらった上で、テロップなしで放送するべきだ。どうしてもテロップが必要なら、番組の最後に入れればいい。

それでもそのADからすれば「メーカーさんからの指摘ですから」という感覚なのだ。世の中から見て、正しいのはたぶんADの方だろう。そんなことは俺だってわかっている。

でも、俺たちが作っているのは、バラエティ番組なんだ。

なによりも大切で、守らなければいけないのは、「笑い」と「面白さ」なんだ。

その感覚がスタッフたちとズレている。そうわかったとき、俺は心底がっかりした。

俺は古い？　じゃあ新しい笑いってなに？

俺はテレビで育った人間だから、テレビにはいつまでも強い影響力を持っていてほしいという気持ちがある。

今のテレビに魅力がないのだとしたら、言うまでもなく「無難な番組」しかないからだ。

はみ出した発言をしたら、いいことを言ってフォローしないといけない。そんな空気があったら、芸人は芸人らしい仕事ができない。

芸人本人も「自分でなにをしでかすか」わかっていないような、緊張感に包まれた現場でギリギリを攻めてこそ、面白いものが生まれる。

バラエティ番組において大事なのは、「はっきりと正直に言ってしまう」ことだろう。国民の誰もがうっすらと抱いている不満や違和感や苛立ちを、そのまま言葉や行動として表現して、全国に流れる電波に乗せてしまう。それを「大がかりなバカ騒ぎ」として仕立て上げる。それが見る人の心に刺さって、笑いに変わる。

もちろんただ悪口を言ったり暴れたりするのではなく、最終的にはみんなを救ってあげる。それがプロの芸人同士だ。イジる人とイジられる人との間に「信頼」があるから、どんなきついツッコミやドッキリも笑いとして成立させることができる。

その「信頼」を見ている人にもきちんと伝えられる演出ができるかどうかは、俺たちディレクターの腕の見せどころ。それだけの話だ。

でも今は、暴力やイジメを連想させ、一人でも苦情を訴えてきそうな演出なら、なんでも「やめておきましょう」ということになる。

「そういう笑いは古いですよ」とも言われる。

すぐになんでも「古い」と言う。

冗談じゃないと思う。

「じゃあ、新しい笑いってなに?」と俺は聞きたい。

芸人がひな壇に行儀よく座って、テーマに沿っておしゃべりする番組?

俺には、古い笑いと新しい笑いの違いがわからない。

お笑いというものは本来、理不尽や、非常識から生まれるものだと思っている。

それをコンプライアンスという名の「見えない力」が、片っ端から否定していくのはひどいと思っている。

俺たちの仕事は、イカれているか、イカれていないか、ギリギリの境界線を歩けるヤツを評価するべきなんですよ。絶対に。

だからなんでもかんでも「コンプライアンス」で片づけないで、一つひとつの演出について議論させてほしい。どれだけ放送が難しそうでも、柔軟に考えて、抜け道を探したい。

誰も傷つけることなく、みんなが心から笑ってくれるための抜け道を。

俺にはやれることがまだある

俺はもう人生を折り返しているから、なににも縛られたくないし、今さら自分のやり方を変える気もない。

俺は、俺が面白いと思う「笑い」だけでずっと生きていくつもりだ。

もちろん「今だったら、若い人の方がコンプライアンスに沿った面白いものを作れるんじゃないか」と思うこともある。

また、どんな仕事だって「若い人のやり方を積極的に真似するべき」という見方もあるだろう。

だが若い人のやり方を真似したら、自分の色を出せなくなってしまう。

俺はずっと攻めた笑いでメシを食ってきたから、新しい場所で勝負をするにしても、今まで培ってきた「攻めたやり方」で勝負し続けたい。

動画配信サービスでも、YouTubeでも、テレビでも、まだ見たこともないメディアでも、ずっとそうしたい。

偉そうなことを言ってきたが、そもそも俺はいまだにディレクターとして100％納得できる仕事をしたことがない。

現場で突然のミラクルが起こって、結果的に100％に近い出来になったこともあるが、それは俺の力ではなく、芸人さんやタレントさんの力によるものだ。

俺はいつだって「現場でもっとああすればよかった」「編集であそこを残しておけばよかった」と後悔ばかりしている。編集し終えたVTRを見て大笑いしながらも、「この場面、背中から落ちてもらったらもっと面白かったじゃん」とあとから気づいてしまうのだ。

「もういい年なんだから、制作会社の経営に集中したら？」と忠告されることもあるけれど、呼んでもらえる仕事がある限り、俺は何歳になっても現場に出たい。

スタッフたちと会議でぶつかり合って、芸人さんタレントさんとロケでぶつかり合って、編集室で素材とぶつかり合って、というすべてのバトルが心の底から楽しいし、大好きだから。

いつか「俺の仕事、最高だったでしょう！」と言える日がくるまで、俺はやりたい。

YouTube のいいところ悪いところ

ゴールデン番組の仕事が終わり、俺はYouTubeをやりはじめた。

日本でYouTubeのサービスがはじまった当初は、画質が粗くて、編集も雑で、誰が見るんだろうという代物だった。

それが15年くらいかけて一気に進化し、ユーチューバーというスターが生まれ、ユーチューバーは外の世界でも大活躍するようになっている。動画の世界は本当になにが起こるかわからない。夢がある。

俺も『貴ちゃんねるず』と『TOKYO BB returns』という2つのチャンネルを手掛けたが、どちらもヒットして、どちらも盾（チャンネル登録者数が一定基準に達することで公式から授与されるもの）をもらうことができた。それは自信になっている。

俺はこの世界に向いているのかなと思った。

正直言って、「配信」を覚えたのはつい最近のことだ。

初めてその存在を知ったとき、「すごいじゃん、一人テレビ局じゃん」と勢いづいた。

そして自分がやりたい番組をバンバン作っていこうと面白半分で動いた。

タカさんを誘って『貴ちゃんねるず』をはじめたのが50歳。そこから2年ほど経ったら、なんとなくYouTubeのいいところ、悪いところがわかった。


いいところは、圧倒的に自由なこと。演出の振り幅が広い。「ここは絶対放送したい」というところをそのまま流せるのは本当にいい。

たとえば『BreakingDown』では、参加者がオーディション会場で殴り合いをはじめるが、あれは今のテレビでは放送できない。テレビのようなコンプライアンスを気にせず、ああいうヒリヒリした空気を配信することができる。

テレビの世界では、誰からも嫌われないように、みんなにウケるように作らないといけない。

それに比べてYouTubeの世界では、こちらは好きなことを勝手にやって、それが好きな人が見てくれればいいというシンプルさで作ることができる。ノーストレス。

またテレビは現場でウケても視聴率が伸びなかったりするが、YouTubeは俺たちが面白いと思った動画は不思議と再生回数も伸びる。俺はYouTubeと相性がいいのかもしれない。


一方で悪いところは、誹謗中傷がダイレクトに届くことだ。

テレビの世界では、番組へのクレームは局にある専門の部署の人たちが対応してくれる。でも、YouTubeではいきなり俺の目に触れ、耳に入る。

「マッコイ、この世からいなくなれ」などと失礼極まりない言葉を平気でぶつけてくる人間がいる。それもすごく多い。増えるときは人を死に至らしめるほどのスピードで増える。

最初は、なんでこんなに悪口を言われるのか、どうして知らない人間にいろいろ言われるのか、と気にしていたが、本気で気にしはじめたら死ぬかもしれない。だから今はスルーしている。

向こうは俺の攻めた演出によって、「傷つけられた」と感じて怒っているのかもしれないが、こっちは誰かを傷つけようと思ってやっているわけではないから。

黙って見とけと思いながらやっている。

それでも「その発言は犯罪を認めるってこと?」「この撮影は道路使用許可を取ってい

るのか？」などちくちく揚げ足取りをしてくるネット民がいるから、それに影響されて演者さんが「これが流れると叩かれちゃうので、ピー入れてもらっていいですか？」といった具合に、YouTubeでの発言や行動に慎重になってきている。

「YouTubeは自由だ」と思ってやってきたのに、素人の、顔の見えないヤツからつねに見張られているという、窮屈さを感じることもある。


もう一つYouTubeの悪いところは、「バズる病」になりやすいことだ。

YouTubeの動画は視聴回数の波がすごく大きい。前回は100万回再生を超えたのに、今回は10万回にも届かないといったことがざらに起こる。

数字をリアルタイムに見られるせいか、つい一喜一憂してしまい、再生回数が増えないとやる気をなくしやすい。

再生回数という魔物に取り憑かれると厄介だ。

バズる病にかかった関係者たちは「今回はバズりそうですね」とか「マッコイさん、言うほどバズらなかったじゃないですか」などと言いはじめ、「今、YouTubeではどんなのがバズってんだろう？」とつねにキョロキョロして、バズっている企画を片っ端からパクろうとする。

格闘技がバズりはじめたら、殴ったり蹴ったりする動画がやたらと増える。

これは面白くない。

俺はバズらせるプロになりたくない。YouTubeが魅力的なのは、自由なところだから。

バズらせたかったら、他の人とやればいいいと思う。

『29TV』という夢

YouTubeをやりながら気づいたのは、この先、自分の好きな番組を、自分の好きなように流せるプラットフォームを作ればいいいんじゃないか、ということだ。

笑軍という一制作会社の社長としても、テレビ局に、枠くれ枠くれと言っている時代じゃないと思っている。制作費はどんどん削られているわけだから、それしか食い扶持がなかったら淘汰されてしまう。そもそも俺はテレビ局のプロデューサーや編成の人を接待して、「ぜひうちに仕事をください」と媚びてまで番組を作ろうと思えない。

なにを偉そうにと思うだろう。でも本当に嫌なんだ。媚びることができない。

だからディレクターの集大成として、マッコイ斉藤の贈る動画配信サービス『29TV』をはじめた。

コンプライアンスや誹謗中傷におびえることなく、世の中に俺たちの好きな面白さを求めている人が、どれだけ存在するのかを知ることができる。またなにより、サブスクでお金をもらい、最高に笑える番組でお返しするなんて、この上なくシンプルでいい。

自分たちを応援してくれた人たちへ感謝の気持ちをこめて、往年のバラエティ、笑いを見せていきたい。

フリーのディレクターは使い捨てにされやすい。

どれだけ才能があって意欲があっても、目立つ実績がないというだけで、45歳くらいを境に仕事はどんどん減らされ、最後は日の当たらない仕事に行き着く、というパターンが多い。

優秀なディレクターたちはいる。彼ら彼女らが将来どうしようと思ったとき、そういえばマッコイさんのやり方があったじゃんと気づいてもらえればいい。

この『29TV』を成功させることができたら、若いディレクターたちに新しい才能の活かし場所を示せると思っている。

50歳を過ぎて、人生で一番ワクワクしている

俺の今までの人生の中で、幸せのピークは3度あった。

最初は「元気が出るテレビ」でたけしさんと仕事ができたとき、
それから「みなさんのおかげでした」で総合演出をやらせてもらったとき。

そして今だ。

つねに仕事をしている気持ちよさがある。次になにが起きるだろう？　というワクワク感がある。

面白いことをやってやろうと燃えるものがある。

今までは「今週の視聴率はどれくらい？」「今回の再生回数はどれくらい？」とドキドキする日々を過ごしていたが、これからは「何人が加入して見てくれるのか？」というワクワク感がある。

テレビとは違って、制作の予算は出してもらうものではなく、こちらが出すものになるだけに、責任感もより大きい。でもだからこそワクワクが止まらない。

俺たちの動画を好んだスポンサーがつかないかな。ひとつのテレビ局くらいでっかくしたいな。

そうすれば世界中の人に見てもらえる。仕組み上、150ヵ国に配信できるらしい。分母が日本から世界に変われば、視聴者の数も桁外れになる。

そうやって使える予算を増やすことができたら、いつかまた「全落・水落シリーズ」のような企画をやりたい。

世界中どこに出したって、俺たちのバラエティ最強だから。

笑軍

Words

仮面を使い分ける。

俺はふだん、マッコイ斉藤（仕事ができる俺）と、斉藤誠（山形の田舎者）という2つのスイッチを切り替えてます。

「マッコイ斉藤」がやるべきことは、笑いと数字を徹底的に追求することだけ。個人的な感情はわきに置きます。誰に嫌われたってかまいません。いつも殺気立っているために人は寄りつかなくなりますが、孤独というのは慣れるものだし、むしろいろんな立場の人が行き交う現場でも、判断がブレずに済むので都合がいいです。

もうひとつのスイッチである「斉藤誠」は、山形の田舎者で本当にダメなヤツです。人としてのプライドの欠片もなく、なにを話しても間違いだらけで、こっ恥ずかしいことばかりやっています。

そんな俺を見ていると、周りの人たちは「こいつはやっぱりダメなヤツだな」と考えを改めるようです。

そのおかげか、周りの人たちは俺のことを心配して支えてくれてます。

現場が終わればただの人。

Words

迷ったときの指針を決める。

やるべきか、やめておくべきか。こっちにするべきか、あっちにするべきか。大きな決断ほど悩むものですが、あとから振り返ってみればどれを選んだっていい。なにを選んだとしても、どういう結果にするかは結局、選んだ後の自分次第なんですから。

俺は占いを信じることにしています。歴史を追っていると、トップに立った人物の多くが易者をつけていたからです。

戦国時代には信長、秀吉、家康に仕えた黒田官兵衛が、三国志時代には劉備に仕えた諸葛孔明という軍師がいました。

軍師は君主の戦略指揮を助ける人物ですが、「敵城を攻める日はいつがいいか」「捕虜を助けるべきか、斬るべきか」などの助言は、戦略というよりもほぼ占いだったと言えます。

いわば国の未来を決める大事な判断を、一人の占い師に託していたわけです。

俺もそういう決め方がシンプルでいいと思いました。どうせ決め手がないのだとしたら、占い師に選んでもらった方が、よっぽど安心して腹を決められます。

俺は今でも、ライブの開催日や番組のタイトルは「どの日がいいか？」「どっちがいいか？」など占い師に相談しています。

もちろんすべて信用するわけじゃありません。占いはただのヒントであり、なにを言われたかより、どう解釈するかが大事で、答えは自分が持っているものだと思っています。くり返しますが、結局どういう結果を出すかは自分次第なんですから。

それでももし失敗したとしても「ベストな選択だったが、この結果だった」とあきらめもつき、すぐに前を向くことができます。


なにを選んでも、正解にできるのは自分だけ。

Words

新しい場所で自分の力を試す。

今盛り上がっているものは、いつかすたれていくものです。テレビがまさにそうでした。バブル期の頃の制作費は深夜番組でも1本2000万円ほど。それが今は50万円ほどです。

似たようなことは他の業界でも起きるでしょう。この世に安泰の仕事なんてない。いくらその業界でうまくやっていても、いずれ業界もろとも、消えてなくなるときがくるかもしれない。

それでもその業界にすがり続けるか。自分なりに新しい道を切り開いていくか。経験上、大きな違いがあると思っています。

昔は番組と言えばテレビに作らせてもらうしかありませんでしたが、今はいくらでも自分たちの番組を発信できる場所があります。俺はずっと前からテレビにこだわりがなくDVD、映画、配信系などで作品を出していました。

だから現場がYouTubeやAbemaTVに移っても、まったく抵抗はなかったです。出遅れた人たちはどうでしょう。まだテレビだけにしがみついているのかもしれません。

よく考えてみてください。

今のルールに合わせて、今のやり方を続ける必要はあるでしょうか。

自分たちの能力がこれからどこで、どう通用するのかは誰にもわかりません。

どんどん新しい場所で試してみればいい。

自由に動けるのが、野武士の特権。

Words

年下の人にやり方を聞く。

昔は、年長者が物知りだと決まっていました。

しかし今はより若い人の方が、はるかに物事を知っています。少なくとも、自分よりも「お金・時間・労力をかけない方法」を知っています。

自分はまだ時代についていけている、と思ってはいけません。

年下の人から話を聞くクセをつけないと、「まだそんなことにお金かけてるの？」「まだそんな面倒なやり方しているの？」と呆れられるような、遅れた人間になるでしょう。

たとえば今では旅先でも、停まっているクルマにスマホをかざせば、1日6000円くらいでレンタルできると教わりました。お金や手続きがいらない。若い世代がクルマを買おうと思わないのも納得できる。

だから俺も自宅から事務所までクルマで通っていましたが、電動キックボードに変えました。駐車場代だけで1日4000円くらい、タクシーに乗ったら3000円くらいかかってましたが、電動キックボードを借りたら1日たった320円です。渋滞もしない。知らなければ、無駄なお金、時間、労力をかけ続けるところでした。

番組の演出においても俺は「どうやって撮ればいいか?」「どういう手順で撮影するといいか」とスタッフたちに聞くことにしています。長年テープでやってきた編集作業も、動画編集ソフトの使い方を教わり、費やす作業時間が半分以下になりました。

ただ「どういう演出をするか?」「どういう編集にするか?」は絶対に聞きません。「どうやるか?」はまかせますが、「なにをやるか?」を決めるのは、絶対に自分じゃないといけません。

こだわるのは、方法ではなく結果。

Words

良き理解者のふりをしない。

若い人には若い人のやり方があります。

昔ならではのやり方を押し付けたら老害でしょう。

「自分たちのときはこうだった」と親身になって教えてあげても、心の中ではうるせぇと思われている、と考えていた方がいいです。

とはいえ俺も若い人に、自分の仕事のやり方や考え方を押し付けているときはあります。そうすることで、自分のやり方や考え方を再確認している、という理由もあります。若い人に押し付けたら、自分も守らなければならないからです。

たとえば人気の動画をパクって、短く切ったものを配信すると、再生回数が増えやすくなります。

ただそうした「切り抜き編集」にはまったく共感できないので、「人のやったことを真似しないで、自分のオリジナルを作れよ」「俺たちはもっと愛情を持って編集してたけどな」と頭ごなしにけなすことはあります。

若い人には「愛情？　キモ」と思われているかもしれないが、自分に嘘をついてまで、若い人の理解者のふりをしたくはない。

自分のやり方が正義でも、正解でもなんでもないのはわかっています。

単なる老害だとも自覚しています。しかし、それでも、自分の意見だけは曲げたくない。

それを老害だって言うなら、勝手に言ってくれと思います。

嫌いなものまで、柔軟に学ぶ必要はない。

Words

群れない、ブレない、逃げない。

人はすぐに群れやすい。

獲物を狩り、井戸を掘り、農作物を育てるため、群れたいという感情は、生きる知恵として備わっています。孤独に不慣れなのが人間です。

でも現場のリーダーは、その本能に逆らわないといけません。

孤高の一匹狼となって、怖くて、近寄りがたく、声をかけづらい態度を貫くべきです。

良い人にならなければ、みんなに良い顔をしなくて済みます。

人は決めたことを曲げやすい。

感情に左右されたり、言い訳が出たりします。「そんなのは食いつかない」「それじゃ数字が取れない」など否定的な意見もいくらだって出るでしょう。「天気が悪いから」「人が集まらないから」など中断する理由もいくらだって出る。でも「明日は野球の企画でいく」と決めたら、とにかく野球で押し通すべきなんです。

なんでもやってみなければ、結果はわからないものですから。

自分を信じて「やろうと思ったことを、絶対ブレずにやり切る」ことに意味があります。

人は守りに入りやすい。

数字が悪いことをなにかのせいにしたり、関係者と揉めたときに知らぬふりをしたりしたくなる。

でもそのときに尻込みすることなく、まず「俺がどうにかする」「俺が行ってくるからいい」と自分が盾になるんです。

決断するのは怖い。盾になるのも厳しい。でも「言ったことはやる」という決意と、「なにかあったときには守る」という覚悟。その両方を持たなければ、人はついてきません。

大事なのは当てることではなく、貫くこと。

Words

手を抜けたとしても、あえて手をかける。

仕事で、相手に「まかせます」と言うと聞こえはいい。

まずは自由にやらせて「どうなるか見てみたい」と言えば、
器が大きい人間のように見られるかもしれません。

でもそれは一種の逃げだとも言える。

それは「誰にでもできる簡単な仕事」だからです。

攻めているように見えて、実は一番、仕事をしていない。

俺たちの仕事で言えば「演出しているようでいて、なにも演出していない」ということになります。

仕込むことをサボって、芸人さんにアポなしで突撃取材させるようなものです。

手をかけた演出をすると、なんでもかんでも「古い」と言われるようになりました。
もう少し自然な感じの方がウケがいいですよ、とも忠告されます。
でも、俺は違うと今でも思ってます。
他の仕事は知らないけど、少なくとも笑いには古いも新しいもない。
どうせやるんだったら、徹底的に泥臭く手をかけたい。
それで一切ウケなくなったら、それは俺の役目が終わるときです。

――――

楽をしようとすると、楽しい仕事にはならない。

Words

結果を考えずに出し切る。

どうすれば売れるのか。どうすれば失敗しないのか。

それは一般的にはどういうものが好まれるのかを、徹底的に市場調査すればいいのかもしれない。

でも俺はそうしません。

感覚的な話ですが「当てたい」という意識はもちろんあります。

ただ俺の場合は当てにいこうとはせず、すべて「マン振り」でいきます。

マン振りをすれば、当然、三振しやすい。当たってもせいぜいポテンヒットです。

でもごくたまに芯を食ったとき、その打球が目の覚めるようなセンターオーバーとなり、観客を沸かせるんです。

こんなふうに「マン振りしたら、結果的にヒットになった」というのが、すべての仕事の理想だと思っています。

全力でやれば、なにかが起きる。

全力でやって、誰の心にもひっかからないってことは、もうやめちまえっていうことです。

――全力で走っているとき、自分が現在何位かはわからない。

Words

非難も、賞賛も受け流す。

ある人から「無視、賞賛、非難」という言葉を教わったことがあります。

元々は野村克也監督の格言だそうですが、俺がずっと心の中で大事にしている言葉です。

それはこんな意味です。

新しい環境に飛び込めば、最初は「無視」されるのが当たり前。

一生懸命やっても誰も振り向いてくれない。誰も関心を持ってくれない。

これは根性を試されている。

そんな厳しい状況でも、結果を出すと急に周囲から「賞賛」されるようになる。

持ち上げられたときに天狗にならずにいられるか。

これは謙虚さを試されている。

その後も活躍し、自分の影響力が大きくなっていく。するとやっかみが生まれ、「非難」や揚げ足取りをする人間が増える。それでもしぶとく自分を保つことができるか。

これは自分の信念が試される。

俺は「みなさんのおかげでした」に入って1年くらい、演者さんにまったく口を利いてもらえず、ずっと落ち込んでいた時期があります。

でも今にして思えば、その頃の俺はまだディレクターとして何ひとつ結果を残せていなかったから、俺の成長のためにあえて無視をしてくれていたのかもしれません。

人は成長に合わせて試されます。

無視されても、しぶとく食らいつけるか。褒められても、謙虚でいられるか。

嫉妬で足を引っ張られても、さらに上をめざせるか。

この3つの壁を越えて、初めて「才能がある人」になれるようです。


——どんな苦難でも、無駄なことはひとつもない。

Words

最高の自分をイメージする。

仕事をする前、俺はイメージを大切にしています。

自分は演出家の頂点に立って演出している。

世界中の人々がマッコイ斉藤の作る動画に期待している。

それが大きなヒットになって、仕事の仲間が歓喜して、みんなからマッコイさんすごいねと祝福される。そんなイメージです。

それは野球で言うなら、三球三振を奪って完全試合を達成して、うわーってマウンドで両手を突き上げてるようなイメージに近い。

つねにプレイヤーとして、最高の自分をイメージしている。密着取材のカメラがそんな俺の日常を追っている。そういう緊張感を持って仕事をしているから、日々モチベーションが尽きることはありません。

俺は仕事に100%満足したことがないです。

たとえ大成功に終わった仕事でも、時間が経てば、もっとこうすればよかった、俺だったらもっとこうできた、という反省点が必ず出てきます。

でもその反省点こそが「自分にはまだやれることがある」という証拠だと思っています。

その気持ちがある限り、自分はまだマウンドに立てるでしょう。


誰が満足しようと、自分だけは満足しない。

PULP FICTION
BRYANT
RALPH BRYANT
PorkChop
NEIGHBORHOOD

ANGELS
SHOHEI
OHTANI
17
PITCHER
COURAGE

あとがき

今までも何度か本の話はあったが、「自分語りの本」を出そうとは思わなかった。

俺に語れることなんてなかったからだ。

効率よく成果を出してきたわけじゃないし、誰からも好かれる秘訣を知っているわけでもないし、そもそも俺は、まだなにに対しても「勝って」ない。

そんなヤツの話を誰が聞きたいの？　と思っていた。


でも50歳を過ぎてみると、その考え方が少し変わっていた。

たとえほんのちょっとでも、俺の話がどこかの誰かの人生の足しになるかもしれないなら、別に出し惜しみする必要もないか、と考えるようになったのだ。

そして改めて自分の半生を振り返ってみてわかったことだが、結局俺の中身は、山形の田舎から東京に出てきた頃とほとんど同じだった。

周囲に怒られようが、嫌われようが、ひどい目に遭わされようが、結局、自分がやりたいことしかやってきてない。

まともな大人だったら、きっと年を重ねるごとに「やるべきこと」が増えて、だんだん「やりたいこと」ができなくなっていくものなんでしょう。

でも俺には信じられない。ウソだろ？　と思う。

この短い人生で「やりたいこと」を我慢してまで「やるべきこと」ってなに。

人間、丸くなれば偉いってわけじゃない。たとえ丸くなっていったとしても、自分の中にある尖った部分だけは、命がけで守っていくべきでしょう。

ただただ「俺はこれが好き」を貫いてやろうよ。

少なくとも、俺の周りはそんなヤツばっかりだ。

みんな好きなことをやって好き勝手に生きている。それでも食っていけているのは、単純にこれで食っていくという覚悟を決めているからだ。

だから業界が、景気が、社会がどうなろうが知ったこっちゃないし、微動だにしない。

もちろんお金は気にするが、お金の尻を追い回すことはせず、なにか判断する前に必ず「好きなことできてる？」と自分に問いかけている。

だって自分がその仕事を面白がってなけりゃいずれ誰もついてこなくなるし、お金のことばっかり考えていたらすぐにバレるから。

好きなことをやり切れば、お金は勝手についてくる。

好きなことをやっていれば、エネルギーは勝手に湧いてくる。

「面白い」は正義だ。

俺もとうとう若い子たちにバトンを渡す年齢になった。でも仕事がくる限りこれからも全力でやろうと思う。

もちろんテレビを見限ったわけでもない。この間「テレビはもういいかな」と話してたら、ホリケンから「マッコイさん、最後にもう一花咲かせてくださいよ」と言われた。俺の30代は深夜番組で花咲き、40代はゴールデン番組で花咲いた。50代はまた別の咲き方ができるのかもしれない。

だからもし総合演出をやってくれと言われたら喜んでやろうと思い直した。

ホリケンはいつも俺の背中を押してくれるんだ。

テレビ、YouTube、動画配信サービス系、関係ない。死ぬまでプレイヤーでいさせてくれるなら、死ぬまでとことんやらせてもらいます。

バラエティ最強。押忍。

みなさんも、がんばってください。

マッコイ斉藤

参考文献・参考サイト

『ツービートのわッ毒ガスだ―ただ今、バカウケの本（ワニの本）』
ベストセラーズ

FRIDAY DIGITAL：『男気ジャンケン』演出
マッコイ斉藤が語る「バラエティの未来」
https://friday.kodansha.co.jp/article/214020?page=1

GetNavi web：YouTubeは一人テレビ局
――ヒット請負人「マッコイ斉藤」に聞く人気コンテンツを作る秘訣
https://getnavi.jp/entertainment/535477/

ログミーBiz“深夜のカリスマD”が語る、
「男気ジャンケン」誕生の背景
おもしろさへのこだわりを生んだ「婆ちゃんの教え」
https://logmi.jp/business/articles/324872

貴ちゃんねるず：今だから話せるとんねるずの真相が凄かった
https://www.youtube.com/watch?v=xVNWavOO5_g&t=1131s

プロフィール

マッコイ斉藤

テレビディレクター。演出家。「株式会社　笑軍」代表取締役。

山形県鮭川村（人口3千8百人くらいの小さな村）生まれ。山形県立新庄農業高等学校卒。

ビートたけし氏に憧れて上京し、お笑い番組『天才・たけしの元気が出るテレビ!!』でディレクターデビュー。

極楽とんぼ、ガレッジセール、おぎやはぎ、恵比寿マスカッツなどと共に深夜番組を中心に活動を開始。

その後『とんねるずのみなさんのおかげでした』の総合演出に抜擢されると、「全落・水落 シリーズ」「男気ジャンケン」などのヒット企画を世に送り出した。

YouTubeでは『貴ちゃんねるず』『TOKYO BB returns』、AbemaTVでは『芦澤竜誠と行く ぶらり喧嘩旅』『格闘代理戦争』などを演出。

非エリートの勝負学

2023年7月15日 初版発行

著 者　　マッコイ斉藤

写 真　　名越啓介
デザイン　　井上新八
編集協力　　佐口賢作
ヘアメイク　　SUGA NAKATA(GLEAM)
撮影アシスタント　　Sugiura Kie
ヘアメイクアシスタント　　木下佐知子

営業　市川聡（サンクチュアリ出版）
広報　岩田梨恵子（サンクチュアリ出版）
制作　成田夕子（サンクチュアリ出版）
編集　橋本圭右（サンクチュアリ出版）

発行者　　鶴巻謙介
発行・発売　　サンクチュアリ出版
〒113-0023 東京都文京区向丘2-14-9
TEL:03-5834-2507 FAX:03-5834-2508
https://www.sanctuarybooks.jp/
info@sanctuarybooks.jp

印刷・製本　株式会社 光邦

PRINTED IN JAPAN